Fuller, Perspektive und ihre Konstruktion

EIN MUSTER-SCHMIDT STUDIO- UND ZEICHENBUCH

Band 7

PERSPEKTIVE
UND IHRE KONSTRUKTION

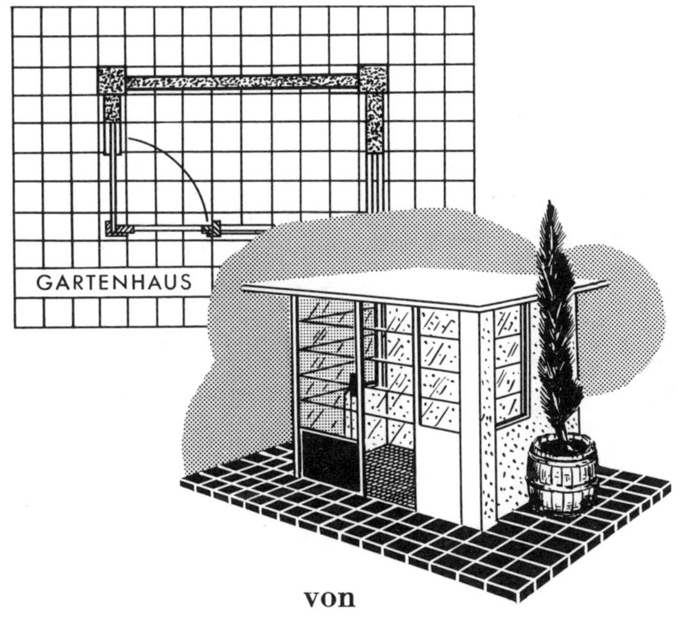

von

W. H. Fuller

MUSTER-SCHMIDT VERLAG

GÖTTINGEN ZÜRICH

CIP-Titelaufnahme der Deutschen Bibliothek

Fuller, Wilfred H.:
Perspektive und ihre Konstruktion / von W. H. Fuller. –
4. Aufl. – Göttingen ; Zürich : Muster-Schmidt 1990
(Ein Muster-Schmidt-Studio- und Zeichenbuch; Bd. 7)
Einheitssacht.: How to draw perspectives to scale <dt.>
ISBN 3-7881-5207-9
NE: Musterschmidt-Studio- und Zeichenbücher

4. Auflage 1990

For German edition:
„MUSTERSCHMIDT"
Göttingen · Zürich

ISBN 3-7881-5207-9

Inhaltsverzeichnis

Einleitung

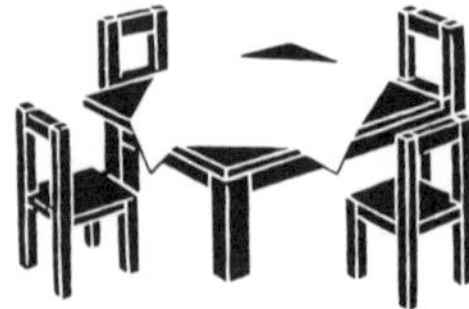

Dies ist ein „Wie"-Buch und nicht ein „Warum"-Buch. Sein geringer Umfang und die gedrängte Darstellung verbieten die erschöpfende Erklärung aller Einzelheiten und aus diesem Grunde sind nur die grundlegenden Gesetze behandelt worden. Um sicher zu gehen, daß diese Grundgesetze auch richtig verstanden werden, sind sie in Entwicklungskonstruktionen dargestellt worden.

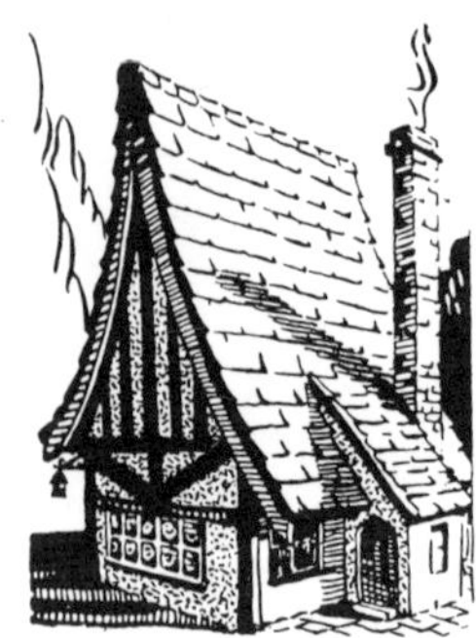

In der Praxis sind diese Methoden gut zu gebrauchen, aber sie müssen auch richtig begriffen werden, bevor sie zur Anwendung kommen sollen. Dem Leser ist zu empfehlen, sich selbst eigene Aufgaben zu stellen, um das Gelernte zu vertiefen. Auf diese Weise wird ein Verständnis für den Gebrauch der einzelnen Konstruktionsmethoden eher erlangt als bei dem Versuch, das große Gebiet der Perspektive auf einen Sitz verdauen zu wollen.

Im Allgemeinen verachtet der Künstler den Gebrauch mechanischer Hilfsmittel bei seiner Arbeit. Er verläßt sich auf seine Fähigkeit, jedes Ding an seinen richtigen Platz zu setzen. Aber wenn der Anfänger die Skizze für seine spätere Arbeit mit mechanischen Hilfsmitteln anfertigt, ist dagegen nichts einzuwenden.

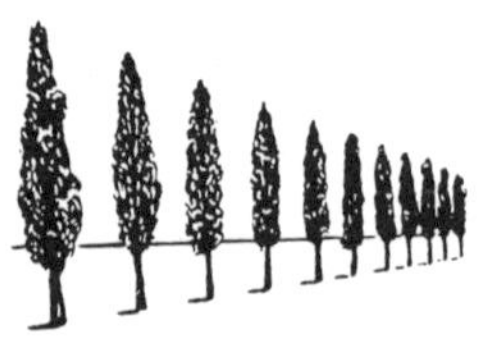

Grundsätzlich ist der Entwurf die Domäne des

Zeichners, während die technische und künstlerische Durcharbeitung das Arbeitsgebiet des Künstlers ist. Der Zeichner mit künstlerischen Fähigkeiten kann sich mit einem richtig und gut aufgebauten Entwurf helfen, auf den er weiter aufbauen kann, indem er versucht, darauf seine künstlerische Technik zu übertragen. Durch den Gebrauch der perspektivischen Regeln ist der Künstler — falls er es nötig hat — mit einem Mittel versorgt, seine Arbeit zu kontrollieren und grobe Fehler zu vermeiden.

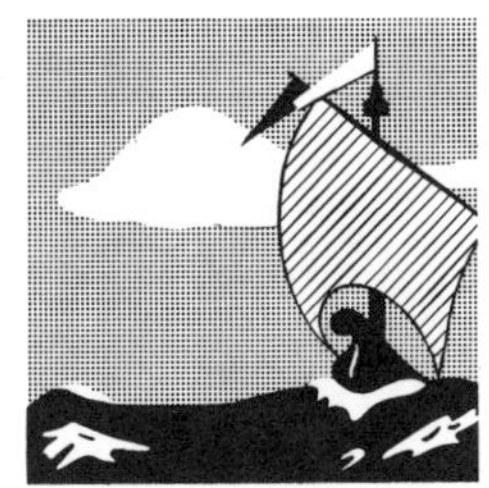

Obgleich dies ein praktisches Lehrbuch für jeden Leser sein soll, kommen die technischen Ausdrücke immer wieder vor. Dies ist leider unumgänglich. Würde man diese Ausdrücke vermeiden, wäre es kaum möglich, die perspektivischen Grundregeln erschöpfend zu erklären. Die technischen Bezeichnungen sind das ganze Buch hindurch konsequent eingehalten worden und entsprechen im wesentlichen den üblichen Ausdrücken in anderen Lehrbüchern der Perspektive.

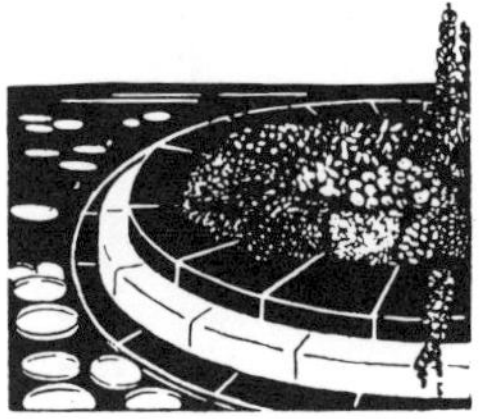

Die Erwähnung mechanischer Hilfsmittel beim perspektivischen Zeichnen könnte zu der Annahme führen, daß die angegebenen Methoden sich lediglich für technische Dinge eignen. Tatsächlich sind solche Gegenstände in der Praxis weitaus mehr von der Perspektive und ihren Grundregeln abhängig als irgendwelche anderen Gegenstände wie z. B. eine Blumenvase oder die Fernansicht der Berge, aber auch diese Formen unterliegen

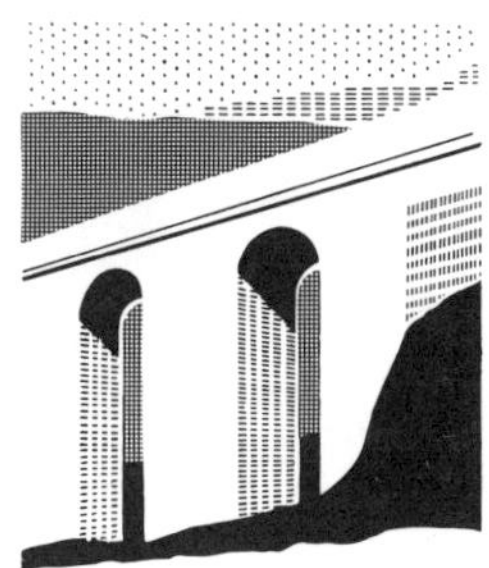

verständlicherweise den gleichen Gesetzen. Um die Annahme zu vermeiden, daß perspektivische Zeichenmethoden an irgendwelche Gegenstände gebunden seien, ist zur Illustrierung des Textes eine reiche Auswahl immer wieder verschiedener Gebilde verwendet worden.

Der Schutzumschlag dient noch einem anderen Zweck, als nur den Einband zu schonen. Auf ihm ist ein perspektivisches Konstruktionsschema zu sehen, das vielen Zeichnungen dieses Buches zugrunde liegt. Diese Zeichnungen sind immer mit einem Sternchen kenntlich gemacht worden. Wenn der Buchumschlag verloren ist, kann eine neue Konstruktionszeichnung nach den am Fuße dieser Seite angegebenen Maßen hergestellt werden. Wenn dieses Schema in natürlicher Größe auf durchsichtiges Zeichenpapier gezeichnet worden ist, kann es über die jeweiligen Darstellungen des Buches gelegt werden.

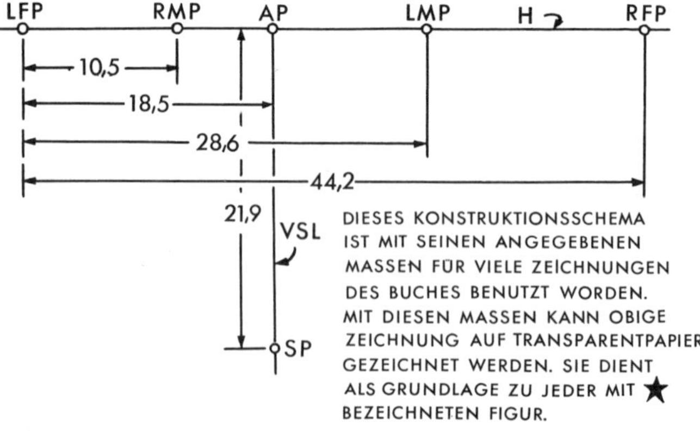

Allgemeine Betrachtungen

Die Perspektive gibt die Möglichkeit, Tiefe und Weite in einem Bild zu zeigen. Der Künstler kann sie durch die geschickte Anwendung der Farbe ausdrücken, indem er Zwischentöne von Schwarz und Weiß verwendet oder die Farbwerte und die Einzelheiten im Hintergrund verschwimmen läßt. Die Wirkung der Perspektive mit solchen Mitteln zu erreichen ist eine Angelegenheit der künstlerischen Technik, mit der sich dieses Buch nicht befaßt.

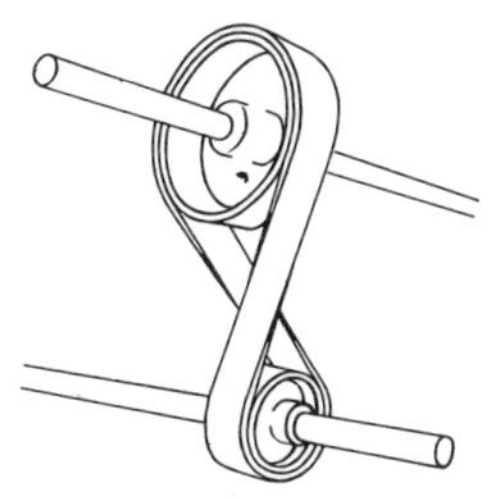

Die konstruierende Perspektive erreicht den Eindruck der Tiefe durch die genaue Festlegung von Punkten und Linien auf der Zeichenfläche. Es wird keine künstlerische Technik in diesen Zeichnungen angewandt. Es gibt auch keine Zufälligkeiten beim Gebrauch der perspektivischen Grundregeln. Jeder Gegenstand kann mit einem Maßstab gemessen werden, falls nötig von einem Grundriß oder Plan, ein willkommener Gegensatz zu den üblichen Versuchen und irreführenden Methoden.

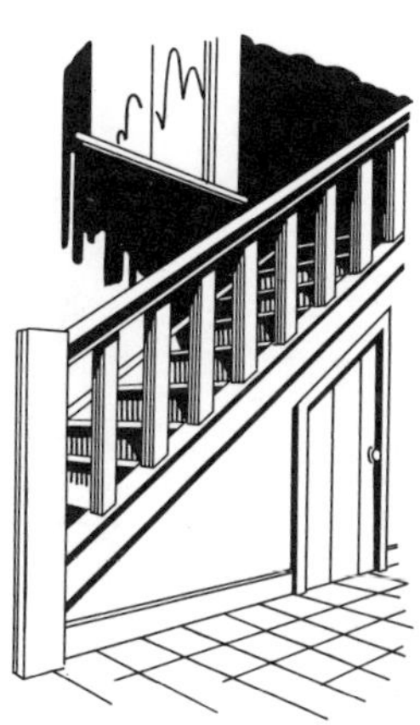

Die Schwierigkeit des Zeichnens von drei Dimensionen auf einem Stück Papier, das nur zwei Dimensionen hat, ist sehr einleuchtend, und es ist gerade die Aufgabe dieses Buches, zu versuchen, diese Schwierigkeiten zu klären. Auf jeden Fall bleibt ein wichtiger Punkt dem Zeichner überlassen. Das ist die Bestimmung des Blickpunktes, von dem aus die Zeichnung gemacht werden soll.

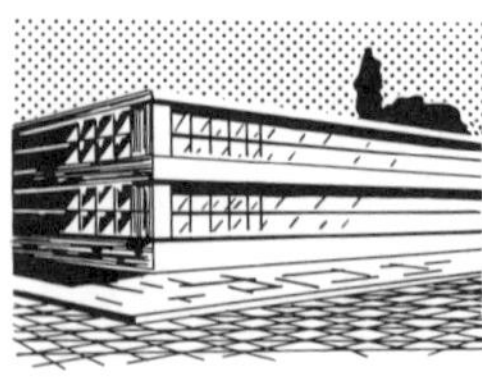

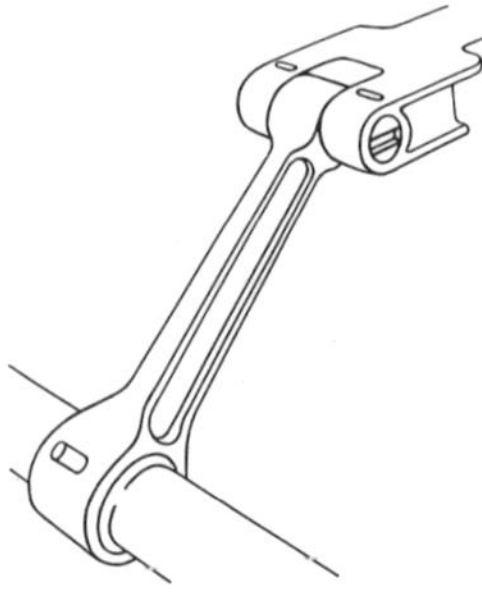

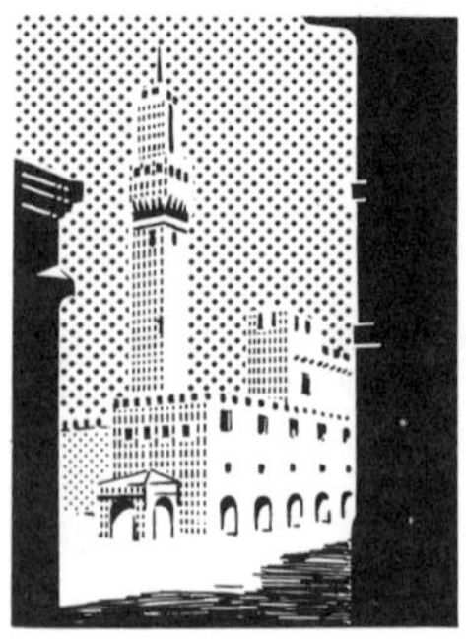

Normalerweise wird jede Beobachtung mit zwei Augen gemacht. Das bedeutet also zwei Blickpunkte, die gleichzeitig zur Anwendung kommen. Dazu sind die beiden Augen fortwährend in Bewegung und schätzen dabei das Bild oder den Gegenstand in der Natur ab. Dazu bewegt sich noch der Kopf und das bedeutet nun eigentlich unzählig viele Blickpunkte. In der Natur verändert sich die Szene, sobald man sich bewegt. In einem Bild ist alles festgelegt und unbeweglich. Die maßstäbliche Perspektive nimmt an, daß der Beobachter nur einen Blickpunkt hat und daß die Beobachtung von einem festen Punkt im Raum vorgenommen wird. Wird die Perspektive von einem anderen Winkel aus gesehen als sie in Wirklichkeit gezeichnet wurde, kann sie leicht verzerrt aussehen. Es ist auch nicht immer angebracht, in der gleichen Ebene zu arbeiten, wie sich das Bild dem Beschauer in der Natur darbietet. Der Zeichner zieht ein flaches, leicht geneigtes Zeichenbrett vor, während der Künstler meist an der senkrechten Staffelei arbeitet. Feine Einzelheiten, die mit Bleistift, Pinsel oder Feder ausgeführt werden, verlangen den Gebrauch einer horizontalen Zeichenfläche, wobei die Hand, der Arm und auch der Körper unterstützt sind. Freie Zeichnungen verlangen Freiheit der Bewegungen. Hier ist das Arbeiten an der Staffelei von großem Vorteil. Man kann einige Schritte zurücktreten, um seine Arbeit zu überprüfen. Tut man dies bei einer waagerechten Zeichenfläche, erscheint die Zeichnung verzerrt.

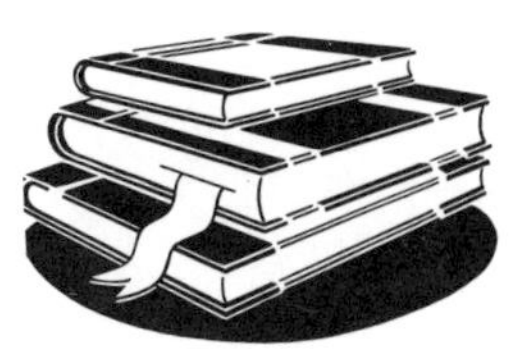

Man kann sich darüber streiten, ob ein Bild, das in Augenhöhe gemalt ist, auch in Augenhöhe aufgehängt werden muß. Dann müßte folgerichtig das Bild mit dem Blick von einer Turmspitze oder vom Berggipfel sehr tief an der Wand befestigt werden. In diesem Fall helfen nur Versuche, die man mit seinen eigenen Bildern anstellen kann. Es ist jedenfalls zu überlegen, ob man so weit gehen soll, das Bild so in Augenhöhe zu malen, wie man es später gern an der Wand aufhängen möchte.

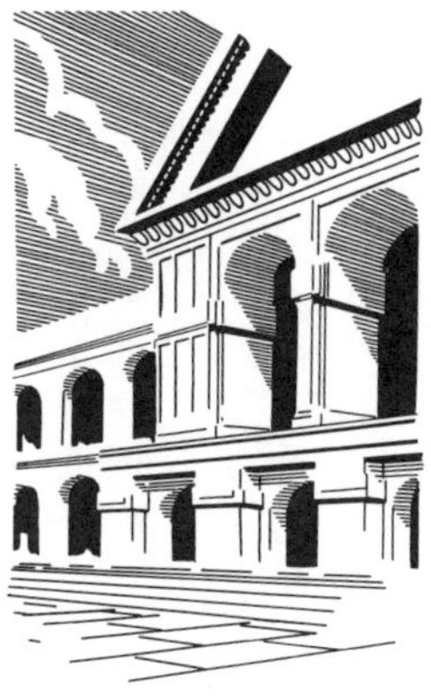

Der Anfänger sollte sich mit solchen Überlegungen nicht zu sehr belasten. Vor Beginn einer jeden Zeichnung ist zu beachten, daß die Schwierigkeiten der perspektivischen Darstellung nicht durch die Wahl eines ausgefallenen Blickpunktes ungebührlich vergrößert werden. Man kann damit hin und wieder interessante Effekte erzielen, wenn man einen nicht üblichen Blickpunkt wählt. Aber die Übersteigerung in der Perspektive kann auch zu einer ärgerlichen Verzerrung führen. Diese Fälle müssen also vorher gut überlegt werden, bevor man mit der Arbeit beginnt. Die konstruierende Perspektive bietet die Möglichkeit, solche Verzeichnungen schnell zu erkennen.

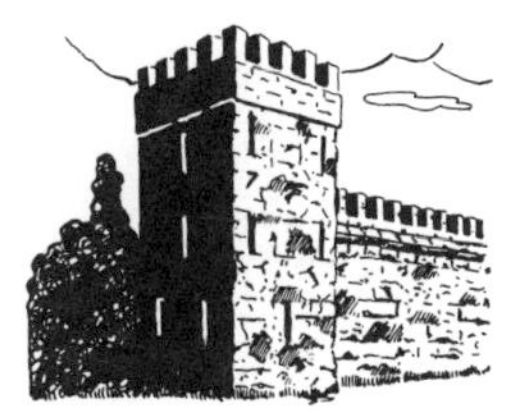

Grundregeln des perspektivischen Zeichnens

Eine perspektivische Zeichnung wird in zwei Etappen hergestellt. Zuerst wird das Konstruktionsschema gezeichnet, das als Unterlage für den zweiten Schritt dient — die fertige Zeichnung. Ist die Zeichnung zufriedenstellend, wird das Konstruktionsschema wegradiert.

Dieses Konstruktionsschema besteht aus Linien, die in der Natur nicht vorhanden, aber ihrem Sinne nach real sind. Sie können mit einem Lineal oder Maßstab festgelegt und gemessen werden. Die Funktion des Schemas ist die Verbindung des Gegenstandes mit dem Betrachter. Die meßbare Verbindung, die zwischen dem Betrachter und dem Gegenstand besteht, kann am besten mit der linearen Projektionsmethode erklärt werden. Sie deckt sich mit der täglichen Feststellung, daß eine Kiste eine bestimmte Länge, Höhe und Breite (in

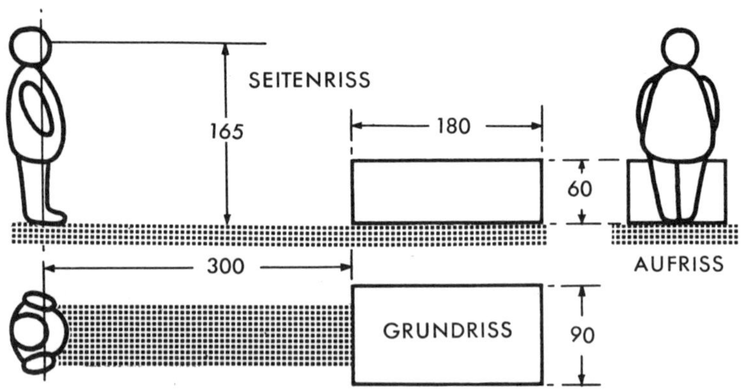

FIG. 1 PARALLEL-PROJEKTION

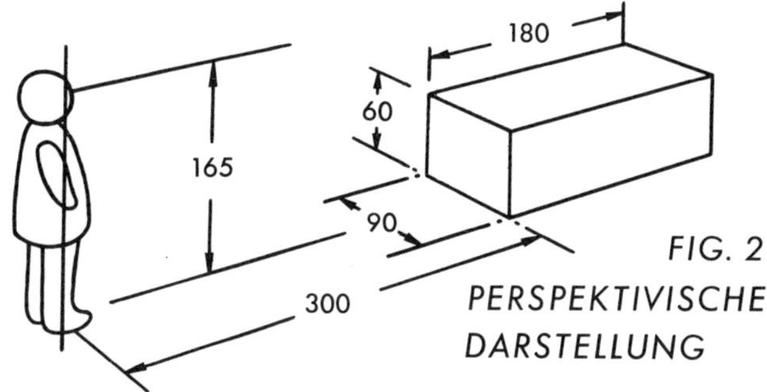

FIG. 2
PERSPEKTIVISCHE DARSTELLUNG

cm gemessen) hat. Sind diese Maße gegeben, kann der Zeichner eine Darstellung der Kiste anfertigen. Wenn es also feststeht, daß ein Beobachter, der auf die Kiste sieht, x cm von der Kiste entfernt steht und sein Auge sich x cm über dem Boden der Kiste befindet, wird er fähig sein, auch diese Maße bei der Herstellung der Zeichnung miteinzubeziehen. Figur 1 zeigt, daß bei der Parallelprojektion drei Blickpunkte nötig sind, um alle Maße genau zu erfassen. Bei der Einführung eines vierten Blickpunktes, nämlich dem eines zweiten Beobachters, ist es möglich, ihn mit den drei ersten Blickpunkten zusammen anzuwenden und daraus eine perspektivische Illustration herzustellen, wie sie Figur 2 zeigt. Es ist aber nun eine Ansicht der Kiste verlangt, wie sie von dem ersten Beobachter gesehen wird und nicht ein Bild der Kiste **und** des Beobachters. Um eine richtige perspektivische Darstellung zu erhalten, wird das Konstruktionsschema gebraucht.

Die Grundlage dieses Konstruktionsschemas besteht aus drei Linien: eine vertikale Sehlinie (VSL), eine horizontale Sehlinie, kurz Horizont genannt (H) und eine Grundlinie (GL). Diese drei Linien ermöglichen,

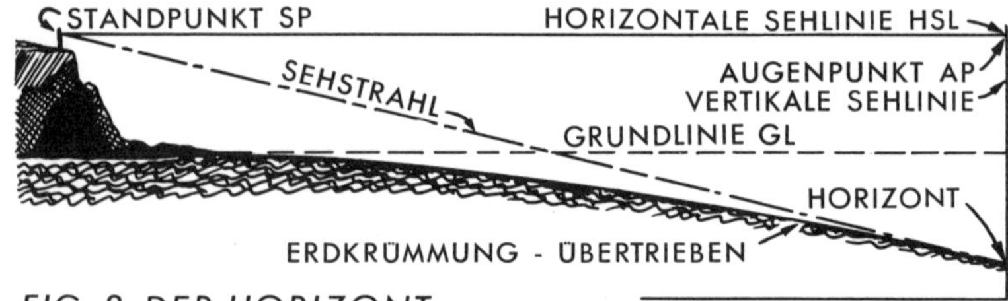

FIG. 3 DER HORIZONT

den Grundpunkt (GP) des gezeichneten Gegenstandes festzulegen. Er ist durch den Schnittpunkt von VSl und GL gegeben und ist der Ausgangspunkt für die spätere Zeichnung.

VSL stellt die Kante einer imaginären Ebene dar, die sich von dem Auge des Betrachters bis ins Unendliche ausdehnt. Sie ist immer genau senkrecht.

Die Linie H stellt die Kante einer imaginären Ebene dar, die sich vom Auge des Betrachters bis ins Unendliche ausdehnt. Sie liegt immer genau waagerecht. Der Begriff dieser Linie sollte völlig klar sein. Figur 3 zeigt, wie der Horizont H vom normalen Horizont abweicht, der ja eine tatsächliche, und keine gedachte Linie ist. Figur 4 zeigt diese beiden Sichtebenen, wie H und VSL von dem Schauenden auf

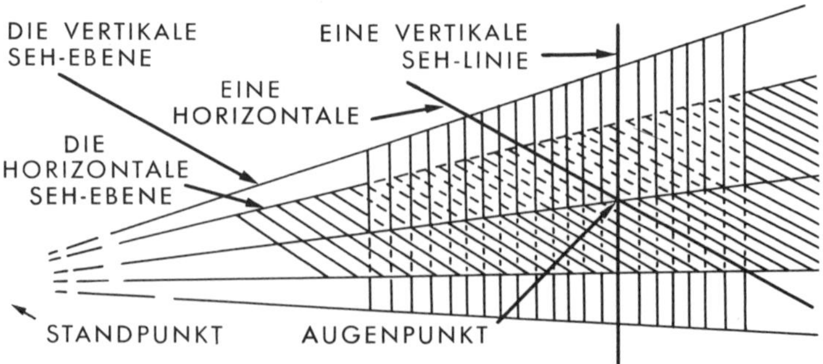

FIG. 4 DIE GEDACHTEN SEH-EBENEN

jede Entfernung betrachtet werden können und wie sie deshalb durch einen meßbaren Abstand festgelegt werden können.

VSL und H stehen immer im rechten Winkel zueinander und ihr Schnittpunkt ist die Blickmitte oder der Augenpunkt (AP), der Punkt in der Unendlichkeit, welcher genau in der Blicklinie des Betrachters liegt. GL ist eine Linie, parallel zu H, im Abstand AH (Augenhöhe) unter ihr und ist gleich der Augenhöhe des Betrachters über der Grundfläche des Gegenstandes. In normalen Zeichnungen ist die Augenhöhe (AH) mit 165 cm über der Grundebene angenommen.

Der Betrachter ist in der Zeichnung auf dem Standpunkt SP dargestellt, der unter dem Horizont H, auf VSL liegt und von ihm die Distanz D hat.

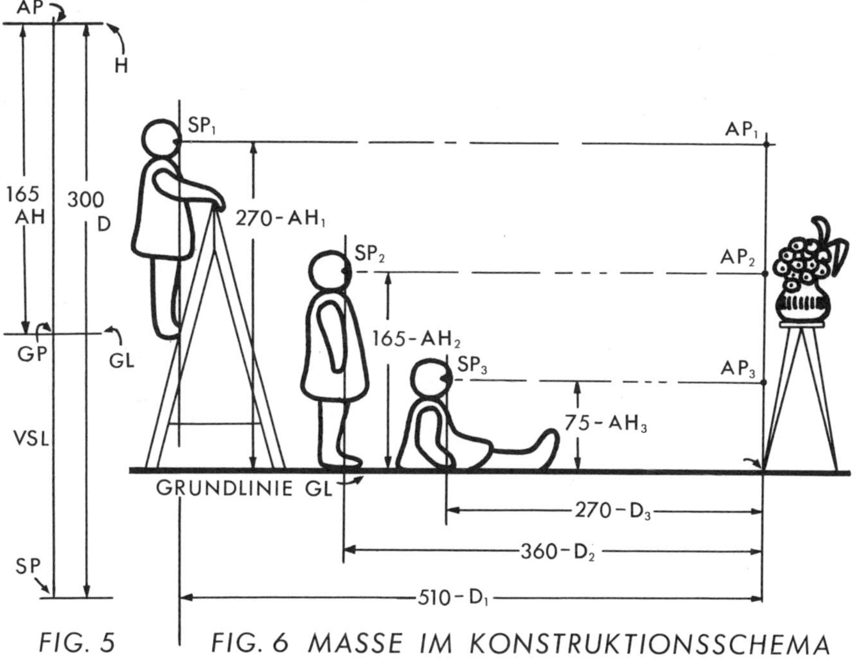

FIG. 5 FIG. 6 MASSE IM KONSTRUKTIONSSCHEMA

Die Anordnung der drei Linien und die durch sie gebildeten Punkte wird in Figur 5 veranschaulicht.

Weitere Beispiele, wie AP, GL und SP zum Betrachter liegen, sind in Figur 6 gezeigt.

An dieser Stelle ist es ratsam, einige Regeln zu erwähnen, die sich auf die Perspektive im allgemeinen beziehen:

1. Alle Linien, die parallel zur Grundebene verlaufen, gehen zum Horizont H.
2. Alle Linien, die parallel zur Grundebene und auch unter sich parallel sind, laufen in einem Punkt (Fluchtpunkt) auf dem Horizont H zusammen.
3. Alle Linien, die nicht zur Grundebene parallel, aber unter sich parallel sind, laufen auf einen Fluchtpunkt zu, der auf einer Senkrechten liegt, die durch den normalen Fluchtpunkt geht.
4. Linien, die in der Natur zueinander senkrecht stehen, haben Fluchtpunkte, deren Verlängerungen nach SP auch wieder einen rechten Winkel bilden.
5. Irgendein Grundwinkel in der Natur kann von SP aus im selben Winkel gezeichnet werden. Die Schenkel dieses Winkels schneiden den Horizont H in den entsprechenden Fluchtpunkten. Dies ist ein nützlicher Hinweis, denn obgleich die meisten Übungsgegenstände rechtwinklig sind, kommen später in der Praxis Fälle vor, wo die Seiten eines Gegenstandes nicht zu einander rechtwinklig stehen.

Mit den drei zuerst beschriebenen Linien und den anderen Regeln wird es möglich sein, zum Aufbau des Konstruktionsschemas vorzugehen und dabei die Fluchtpunkte festzulegen. Figur 7 zeigt drei Beispiele. Bei dem ersten laufen die Kanten des Gegenstandes dem Betrachter direkt entgegen. Die Linien verlaufen alle nach AP. Bei den beiden anderen Beispielen verlaufen die Kanten schiefwinklig zum Betrachter. Diese Linien laufen alle in Fluchtpunkten zusammen, die auf dem Horizont H links und rechts von AP liegen, entsprechend den oben angegebenen Regeln. Die Methode des Festlegens des Grundwinkels soll hier ganz besonders erwähnt werden.

Die Figur 7 zeigt drei verschiedene Fälle. Einmal steht die Kiste genau im rechten Winkel zum Betrachter, beim zweiten und dritten Fall ist sie genau um 30⁰ bzw. 60⁰ gedreht. In der Praxis führt der Gebrauch von kombinierten Konstruktionsschemata leicht zu verwickelten Zeichnungen. Aus diesem Grunde werden parallel stehende Gegenstände getrennt von über Eck stehenden Gegenständen behandelt. Den ersten Fall nennt man die Perspektive in Frontansicht, die beiden anderen Fälle Perspektive in Schrägansicht. Im Grunde genommen sind beide Konstruktionen gleich, die Frontansicht ist lediglich ein Spezialfall.

Die Methoden, durch die der Betrachter mit den Gegenständen auf dem Zeichenbrett zueinander in Beziehung gebracht wird, sind gleichzeitig mit einigen grundlegenden Regeln der Perspektive erläutert worden.

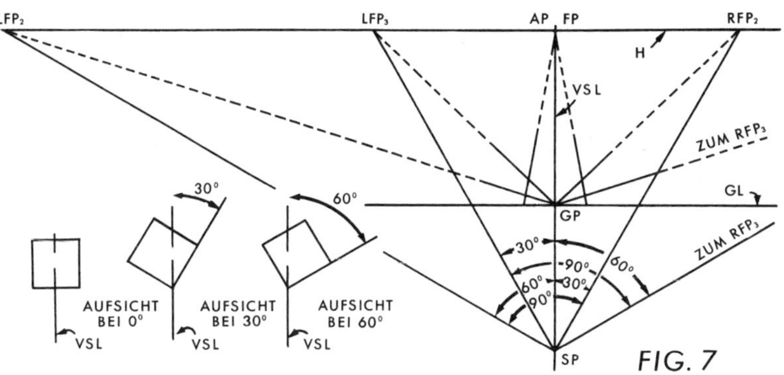

FIG. 7

Perspektive in Frontansicht

Das hier gezeigte Verfahren erklärt zuerst Messungen auf dem Boden, der Grundebene, dann Messungen auf der Senkrechten. Durch den Gebrauch beider Verfahren kann jeder Punkt des Raumes auf der Zeichenfläche festgelegt werden. Wir benutzen dazu die Darstellung eines Gitters oder eines gekachelten Bodens.

Figur 8 zeigt einen Betrachter, der auf einen mit Fliesen ausgelegten Boden schaut. Diese Zeichnung ist in schräger Perspektive dargestellt, damit der Leser den Sinn der folgenden Ausführungen besser verstehen kann.

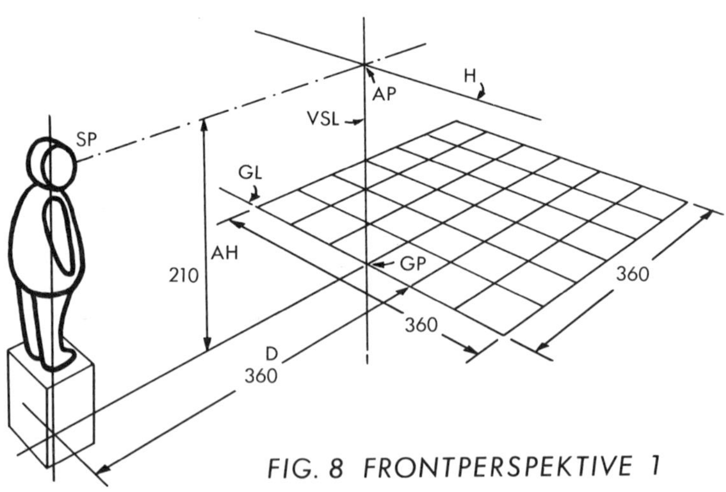

FIG. 8 FRONTPERSPEKTIVE 1

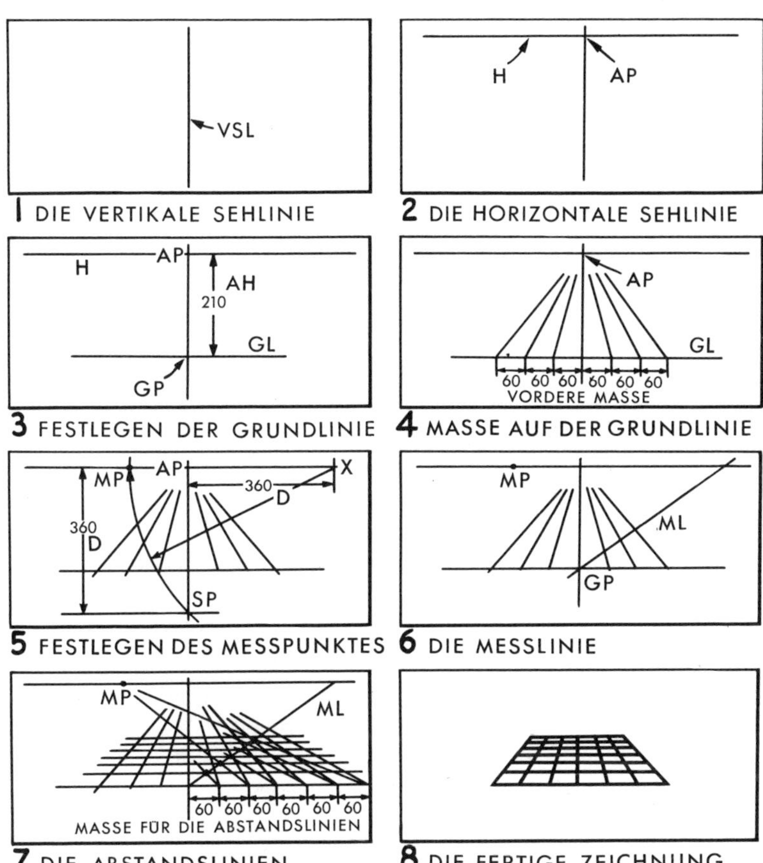

*FIG. 9 ENTWICKLUNG DER KONSTRUKTION
EINER FUSSBODENTÄFELUNG
IN FRONTPERSPEKTIVE 2*

Der Fußboden wird aber von dem Betrachter in Frontansicht gesehen, wie es ja für die Erklärung der folgenden Regeln gewünscht wurde. Figur 9 gibt eine fortschreitende bildliche Anweisung, wie das Konstruktionsschema anzufertigen ist und zeigt schließlich die fertige Zeichnung der Fliesen, wie sie vom Betrachter aus gesehen wird. Es ist ratsam, immer wieder Figur 8 und 9 bei jeder neu eingetragenen Linie zu vergleichen.

Figur 9 (4) Beziehung zu den Regeln 1, 2 und 5, Seite 16
(5) MP ist die Abkürzung für Meßpunkt
(6) ML ist die Abkürzung für Meßlinie
(8) Die sich verkürzenden Abstände sind von GP aus auf GL abgetragen. Sie sind nicht mit den Frontmaßen bei Fig. 9, 4 zu verwechseln.

Aus dem hier gezeigten Verfahren geht hervor, daß jeder Punkt auf dem Boden festgelegt werden kann. Daraus kann auch die Lage irgendeiner Senkrechten zum Boden bestimmt werden. Es ist nur nötig, eine senkrechte Linie von einem vorher bestimmten Punkt des Bodens auf dem Papier hochzuziehen.

Die Höhe der Senkrechten kann mit Hilfe eines senkrechten Gitters bestimmt werden, wie es in Figur 10 in Schrägansicht und der dazugehörigen Figur 11 erklärt wird. Es ist zu beachten, daß Messungen auf der Senkrechten nur auf den senkrechten Linien gemacht werden können, die auf GL stehen. Wird die Höhe einer Senkrechten hinter GL verlangt, muß sie zuerst auf der Frontlinie des Netzes festgelegt und dann nach hinten zum Augenpunkt AP projiziert werden.

Nachdem nun das waagerechte und senkrechte Gitter gezeichnet ist, leuchtet es ein, daß jeder Punkt im Raum derselben durch eine Projektion vom Gitter her gewonnen werden kann. Wenn eine Anzahl von Punkten festgelegt worden ist, die durch Linien verbunden sind,

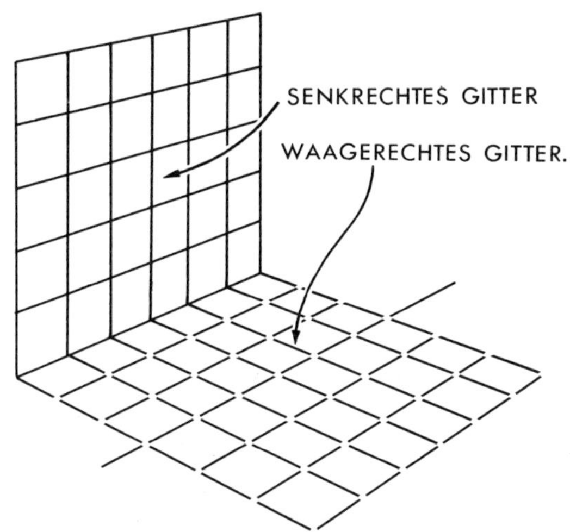

FIG. 10 FRONT PERSPEKTIVE 3

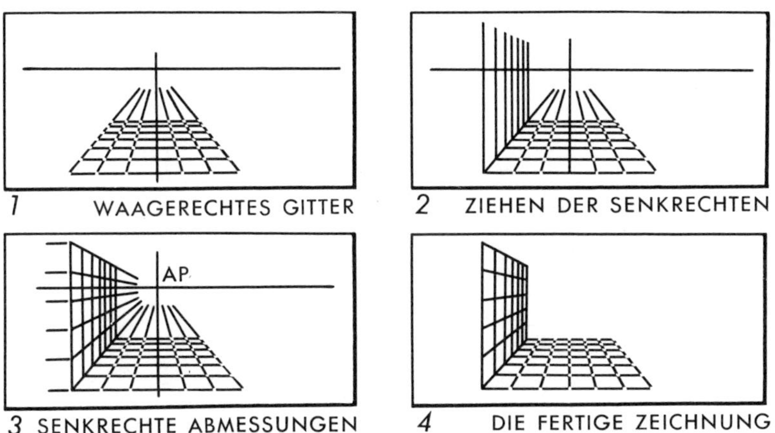

1 WAAGERECHTES GITTER

2 ZIEHEN DER SENKRECHTEN

3 SENKRECHTE ABMESSUNGEN

4 DIE FERTIGE ZEICHNUNG

FIG. 11 ENTWICKLUNG DER KONSTRUKTION EINER SENKRECHTEN TÄFELUNG IN FRONTPERSPEKTIVE 4

ergibt sich stets ein gutes perspektivisches Bild. Es könnten hier eine große Zahl von Beispielen für die Frontperspektive angeführt werden. Figur 12 bringt eine typische Darstellung, wie sie in der Praxis oft vorkommt.

Es ist nicht immer nötig, die Gitter voll auszuzeichnen, da die Gitter nur eine Meßform der Fläche sind. Wenn nur wenige Punkte festzulegen sind, ist die direkte Einzelpunktmethode vorzuziehen. Gewöhnlich kann eine Anzahl von Punkten von einem Hauptpunkt aus gefunden werden, der seinerseits vorher in der üblichen Weise bestimmt worden ist und von dem aus durch additive oder subtraktive Messungen die einzelnen Punkte zu ermitteln sind. Das erspart Doppel-

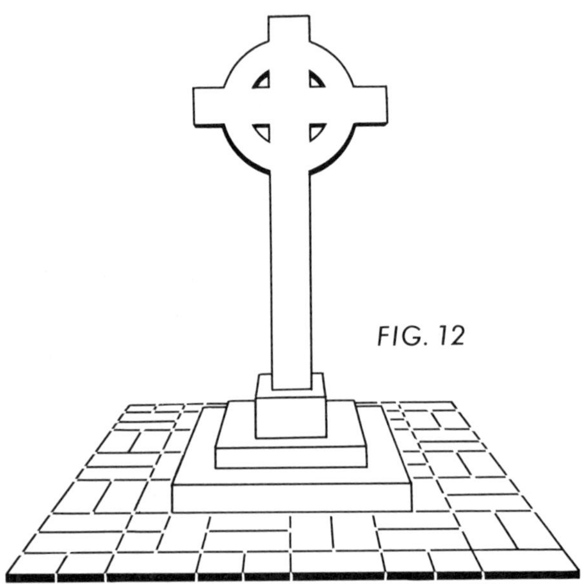
FIG. 12

konstruktionen und erhält die Zeichnung sauber und übersichtlich.

In den beschreibenden Figuren 8 bis 11 liegt die Meßlinie ML, rein zufällig immer auf der rechten Seite von VSL. Es leuchtet doch ein, daß Frontperspektive symmetrisch zur vertikalen Sehlinie ist; deshalb können ML und X ebenso auf der linken Seite gezeichnet werden.

Folgende Arbeitsweise wird dem Leser sicher sehr praktisch erscheinen: Das Konstruktionsschema ist mit einem härteren Bleistift vorzuziehen, der sich nicht so leicht wegradieren läßt. Aber die kleinen Zwischenkonstruktionen und Hilfslinien sollen mit einem weichen Bleistift (HB oder B) gezeichnet werden. Dann sind die für die endgültige Zeichnung neugewonnenen Linien sofort mit einem härteren Bleistift nachzuziehen und die Hilfslinien auszuradieren. Der Gebrauch eines zu weichen Bleistiftes im Anfang der Zeichnung verursacht die Beschmutzung der Unterseite des Zeichenwinkels. Der Schmutz wird beim Bewegen des Winkels in das Papier hineingerieben und läßt sich nachher nur schwer entfernen. Bei der Durchführung der Hilfskonstruktionen ergeben sich oft sehr spitze Winkel und damit für das Auge nicht genau feststellbare Schnittpunkte der Linien. Dabei können sich kleine Ungenauigkeiten in der Konstruktion zu großen Fehlern in der fertigen Zeichnung auswirken. Ein sehr dünn und langgespitzter Bleistift ist für diese Zeichnungen deshalb unerläßlich. Die Schnittpunkte der Linien können dann viel besser erkannt werden, als wenn man sie mit einem dicken stumpfen Stift gezogen hat.

Die Kanten des Lineals und des Winkels sollten leicht abgeschrägt sein, um irgendwelche Sichtfehler zu vermeiden, damit die Bleistiftspitze genau an dem gewünschten Punkt angesetzt werden kann, bevor die Linie gezogen wird.

Perspektive in Schrägansicht

Die bei der schrägen Perspektive notwendigen Hilfslinien sind die gleichen wie bei der Frontperspektive. Wie schon früher erwähnt, können beide Arten der Perspektive für jeden Gegenstand gebraucht werden und man kann beide Zeichenmethoden auch miteinander verbinden. Sobald die Linien des Gegenstandes in einem schrägen Winkel zum Betrachter stehen, ist die Anwendung der schrägen Perspektive selbstverständlich.

Figur 13 zeigt einen Betrachter, der auf einen winklig gestellten Kasten schaut. Die Abmessungen der Natur sind auf die Größe des

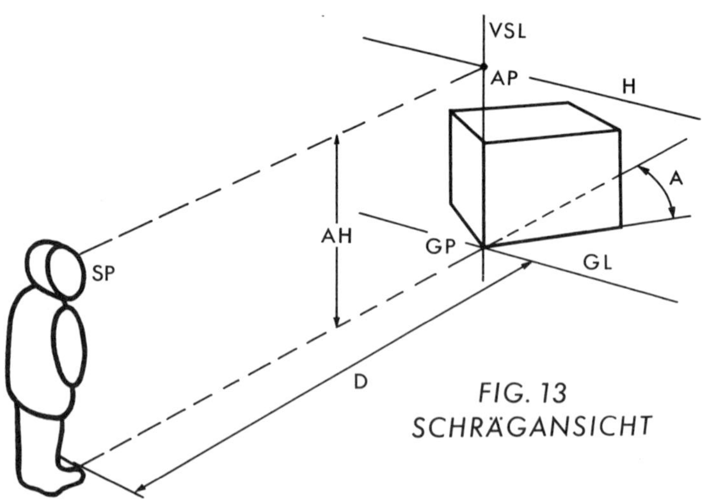

FIG. 13
SCHRÄGANSICHT

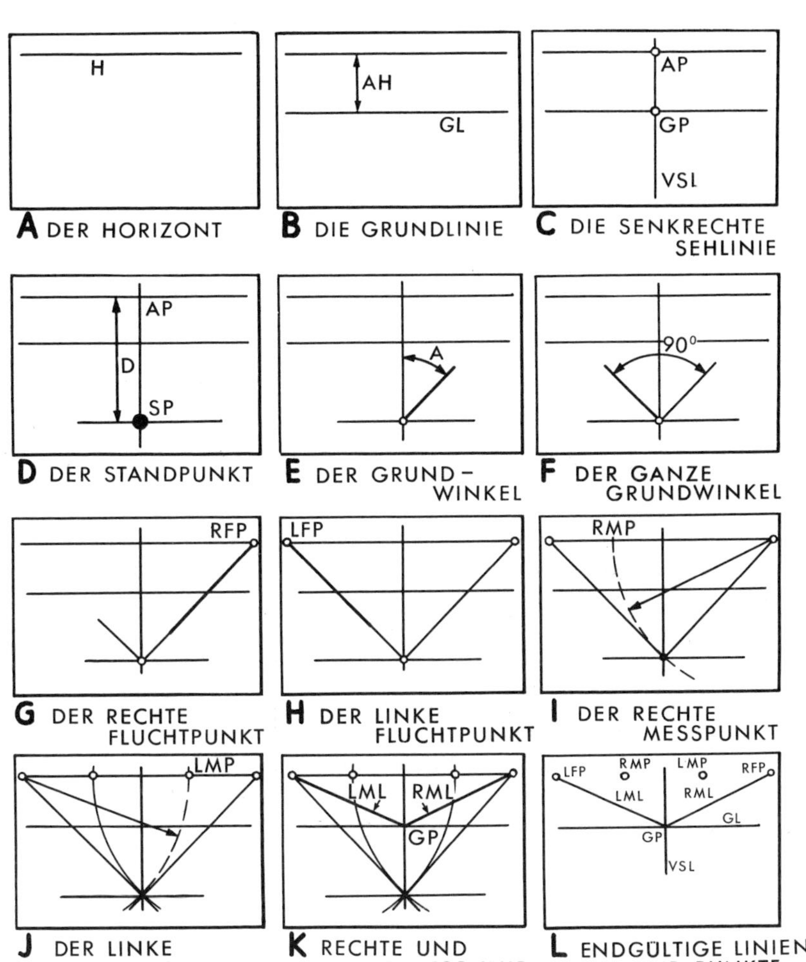

A DER HORIZONT

B DIE GRUNDLINIE

C DIE SENKRECHTE SEHLINIE

D DER STANDPUNKT

E DER GRUNDWINKEL

F DER GANZE GRUNDWINKEL

G DER RECHTE FLUCHTPUNKT

H DER LINKE FLUCHTPUNKT

I DER RECHTE MESSPUNKT

J DER LINKE MESSPUNKT

K RECHTE UND LINKE MESSLINIE

L ENDGÜLTIGE LINIEN UND PUNKTE

FIG. 14 ENTWICKLUNG EINES KONSTRUKTIONS-SCHEMAS FÜR SCHRÄGPERSPEKTIVE

Zeichenpapiers reduziert worden, aber es ist wichtig, zu beachten, daß der Winkel des Grundrisses derselbe bleibt.

Figur 14 zeigt die Entwicklung eines Konstruktionsschemas für die schräge Perspektive. Der innere Zusammenhang zwischen Figur 13 und 14 ist beim Aufbau der Konstruktion immer wieder zu erkennen. Während Figur 14 lediglich eine schematische Zeichnung ist, zeigt Figur 15 das komplette Konstruktionsschema, wie es eigentlich schon in Figur 14 K aussehen müßte. Sobald der Leser mehr Übung bekommt, wird er einzelne Linien nicht mehr ganz ausziehen, sondern nur noch die gewonnenen Punkte markieren.

Nun muß erklärt werden, wie die natürlichen Maße des Gegenstandes auf die Zeichnung übertragen werden. Figur 16 gibt dazu eine vollständige Anleitung. Aus dieser Zeichnung ersieht man, wie die Längen der Seiten kleiner werden, je weiter sie vom Betrachter entfernt sind.

Hier ist eine Sache wichtig, die sich der Leser immer wieder vor Augen halten muß. Die Zeichnung wird immer in dem gleichen Verkleinerungsmaßstab erscheinen, in dem vorher das Konstruktionsschema angelegt worden ist. Es ist natürlich leicht, für die Verkleinerung den Maßstab 1: 2 zu gebrauchen, aber in der Praxis muß eine bestimmte Zeichenfläche ausgefüllt werden, wobei sich oft Verkleinerungen von z. B 13,27 : 1 oder ähnliche komplizierte Zahlen ergeben. Genaue Anleitungen, wie solche Skalen für Verkleinerungen aufzustellen sind, werden später gegeben. Für den Anfänger ist es ratsam, die bei der Zeichnung gebrauchte Verkleinerung auf dem Rand der Zeichenfläche zu vermerken, damit man später darauf Bezug nehmen kann.

Alle senkrechten Messungen werden auf VSL von GP aus vorgenommen, wie es in Figur 16 A gezeigt wird. Wird eine Höhenmessung

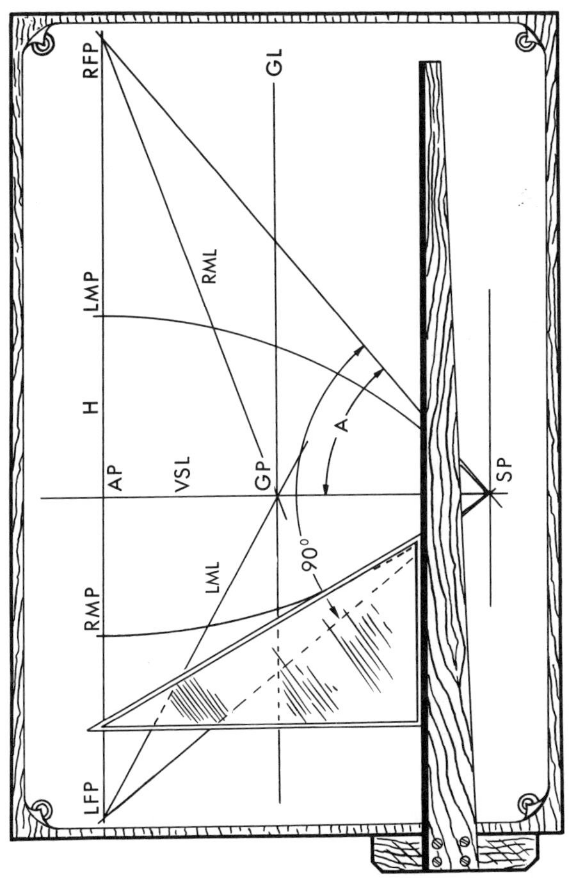

FIG. 15 DAS FERTIGE KONSTRUKTIONSSCHEMA

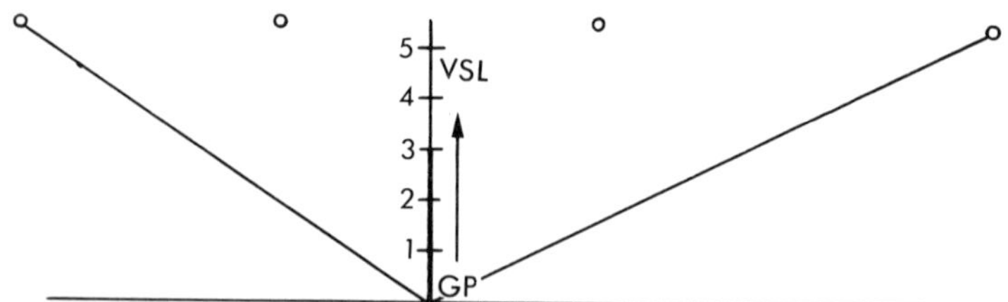

A SENKRECHTE MESSUNGEN AUF VSL VON GP AUS.

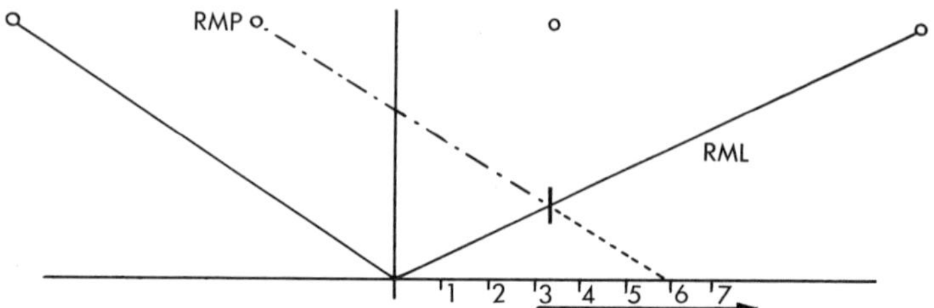

B ABTRAGEN DER MASSE AUF GL, PUNKTE MIT RMP VERBINDEN, DANN ERHÄLT MAN VERKÜRZTE MASSE AUF RML.

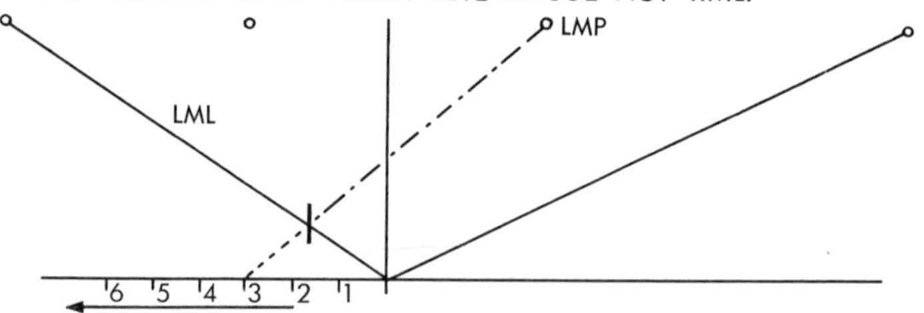

C WIE B, HIER FÜR DIE MASSE LINKS VON GP.

FIG. 16 DIE WIRKLICHEN SENKRECHTEN UND WAAGERECHTEN MASSE WERDEN, WIE OBEN GEZEIGT, IM KONSTRUKTIONSSCHEMA EINGETRAGEN. JE WEITER DIE MASSE VON GP FORTLIEGEN, UMSO VERKÜRZTER ERSCHEINEN SIE.

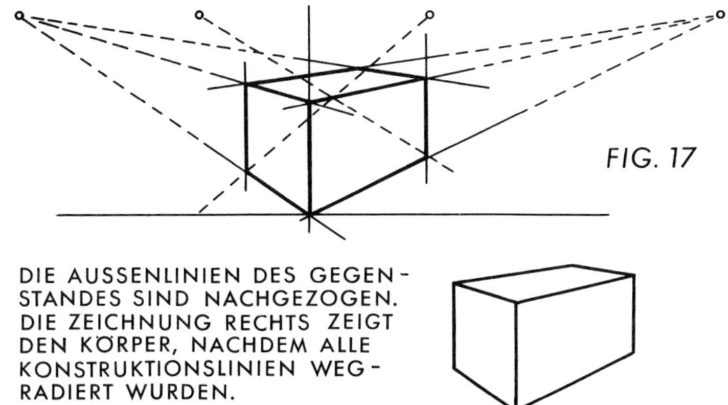

FIG. 17

DIE AUSSENLINIEN DES GEGENSTANDES SIND NACHGEZOGEN. DIE ZEICHNUNG RECHTS ZEIGT DEN KÖRPER, NACHDEM ALLE KONSTRUKTIONSLINIEN WEGRADIERT WURDEN.

auf einer anderen Senkrechten verlangt, muß sie immer zuerst auf VSL aufgetragen und dann nach hinten in der Richtung der entsprechenden Fluchtpunkte projiziert werden.

Horizontale Messungen in Richtung RFP werden auf GL von GP aus nach rechts abgetragen, nach RMP projiziert, um die Linie RML zu schneiden, wie es in Figur 16 B gezeigt wird.

Horizontale Messungen nach links werden in der gleichen Weise gemacht, nur werden jetzt LMP und LML benutzt.

Aus Figur 16 B und C ist zu ersehen, daß man damit auch die unteren Ecken des Kastens festlegen kann. Mit den senkrechten Messungen und den Punkten auf den Meßlinien (Fluchtlinien) kann die Außenfläche des Kastens gezeichnet werden. Figur 17 zeigt die Vereinigung von 16 B u. C und damit die fertige Darstellung.

Die Grundgesetze der konstruierenden Perspektive in Beziehung zu den wirklichen Linien des Gegenstandes sind nun beschrieben worden. Anschließend sollen einige Beispiele aus der Praxis und ihre Lösungen gegeben werden.

Figur 18 zeigt eine teilweise fertiggestellte Ziegelmauer, die wie viele andere der folgenden Zeichnungen in unser Konstruktionsschema (siehe Schutzumschlag des Buches) hineinpaßt. Die Konstruktion ist

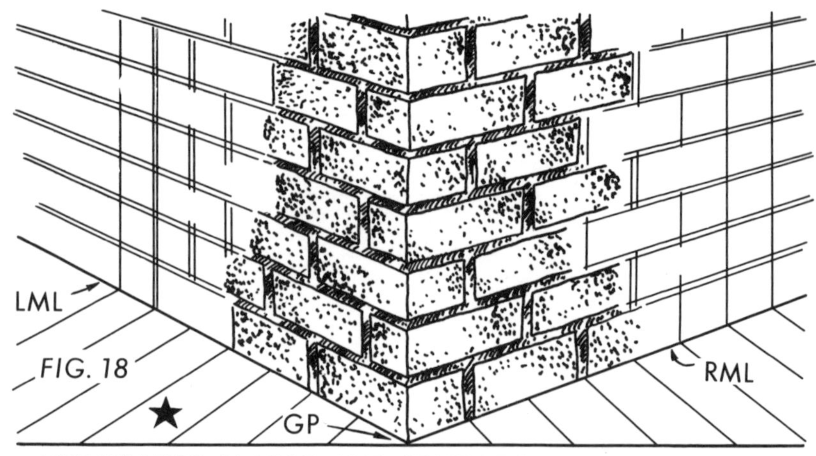

VERKÜRZTE MASSE AUF SENKRECHTEN FLÄCHEN

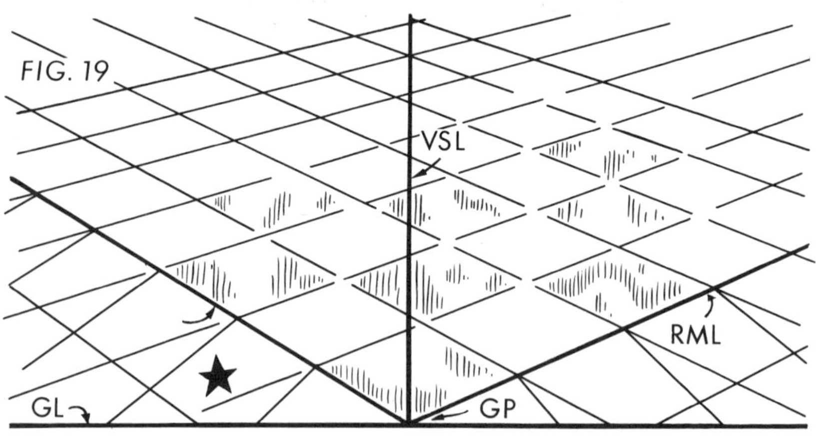

VERKÜRZTE MASSE AUF WAAGERECHTEN FLÄCHEN

einfach und bedarf keiner weiteren Erklärung. Die Durcharbeitung, das Schattieren oder Kolorieren, ist hier eine persönliche Angelegenheit des Zeichners und hat mit den konstruktiven Gesetzen der Perspektive nichts zu tun.

Figur 19 zeigt einen mit Fliesen ausgelegten Boden (siehe auch Figur 9). Aber in diesem Fall liegen die Platten in einem schiefen Winkel zum Beschauer. Die Meßpunkte auf den Meßlinien werden nicht wie in Figur 9 nach AP oder wie in Figur 18 nach oben projiziert, sondern mit ihren entsprechenden Fluchtpunkten verbunden.

In Figur 20 ist ein Fall gezeigt, wo die Grundlinie über der Augenhöhe liegt. Die Grundlinie könnte diesmal auch als Horizont bezeichnet werden, aber wenn man die Zeichnung um 180° dreht, sieht man, daß die vordere untere Ecke des Kastens in der bekannten Weise an der Grundlinie steht.

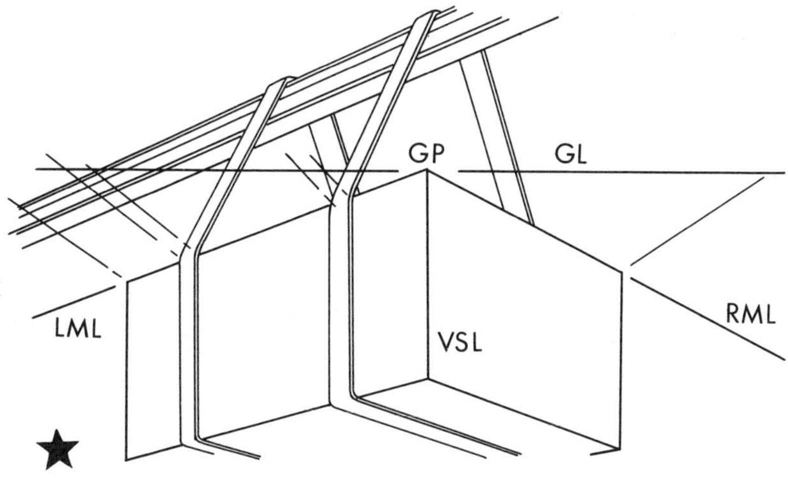

FIG. 20 GEGENSTAND ÜBER AUGENHÖHE

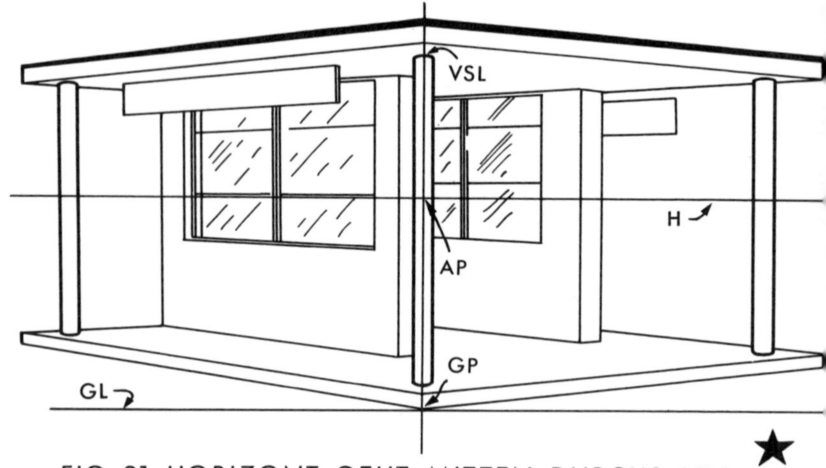

FIG. 21 HORIZONT GEHT MITTEN DURCHS BILD ★

Figur 21 gibt den Entwurf für eine Bushaltestelle wieder, wobei die Horizontlinie durch die Mitte der Zeichnung geht. Nachdem der Abstand des Grundpunktes GP von der Horizontlinie mit der üblichen Länge von 165 cm festgelegt ist, können die Höhen der anderen Einzelheiten von GP aus gemessen werden.

Figur 22 erklärt ein Verfahren, daß sich bei schiefen Flächen anwenden läßt. Der Grundpunkt GP liegt in diesem Fall an der untersten Ecke des Daches. Die darunterliegende senkrechte Wand verlangt Messungen unterhalb der Grundlinie GL, was in späteren Erklärungen noch behandelt wird. Die Konstruktion der Grundfläche des Daches ist also der erste Schritt, dann folgt die Errichtung der Mittelsenkrechten, um den Dachscheitel, die Firstlinie, festzulegen. Doppelt schräge Flächen, wie sie in Figur 23 gezeigt werden, können in der gleichen Weise ermittelt werden. Pyramiden und andere geradflächige Körper können nach demselben Prinzip konstruiert werden. Die Hauptregel ist immer, wie in Figur 22, zuerst die Grundfläche des Körpers

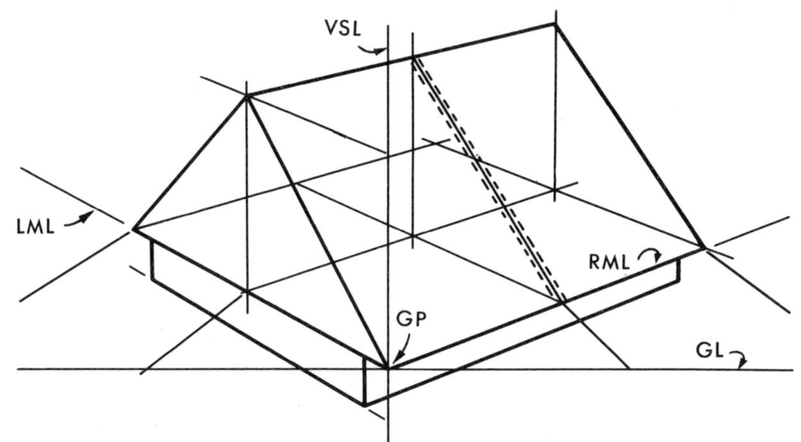

FIG. 22 SCHRÄGE FLÄCHEN

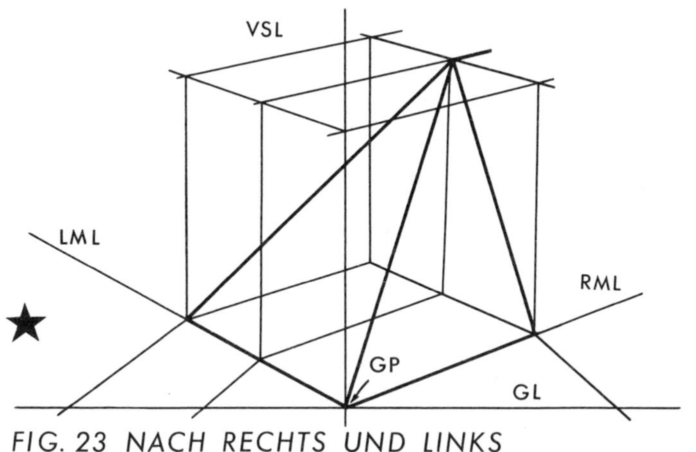

FIG. 23 NACH RECHTS UND LINKS SCHRÄGE FLÄCHEN

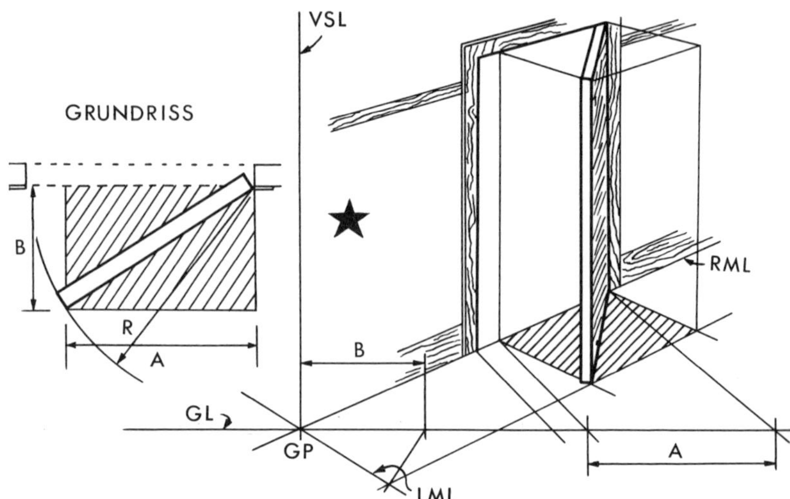

FIG. 24 LÖSUNG DER AUFGABE: OFFENE TÜR

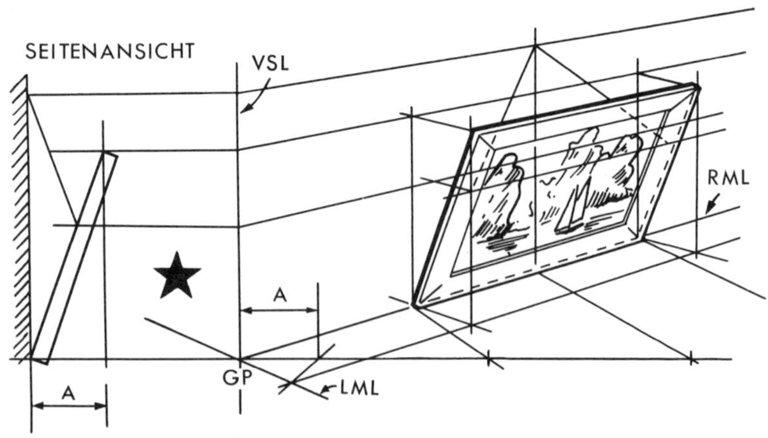

FIG. 25 LÖSUNG DER AUFGABE: HÄNGENDES BILD

zu zeichnen, dann die senkrechten Höhen auf VSL in der bekannten Weise festzulegen.

Fast die gleichen Methoden werden angewendet, wenn die Aufgabe gestellt ist, eine offene Tür oder ein schräghängendes Bild zu zeichnen. Figur 24 und 25 zeigen die Lösungen der beiden Aufgaben. Es kommt in beiden Fällen darauf an, die schräge Kante als Diagonale eines Rechtecks aufzufassen, besser gesagt zweier Rechtecke, deren Ecken miteinander verbunden einen Quader oder Prisma ergeben, das dann nach den nun schon bekannten Gesetzen der Perspektive leicht gezeichnet werden kann. Bei beiden Aufgaben muß eine maßstabsgerechte Zeichnung, Grundriß oder Seitenriß, gemacht werden, um die Größe der Fläche festzulegen, die anschließend mit Hilfe der perspektivischen Konstruktionsmethoden übertragen werden kann. In Figur 25 ist der Seitenriß des hängenden Bildes direkt auf VSL projiziert worden. Um in der Praxis die eigentliche Zeichnung nicht mit Konstruktionsdetails zu überladen, kann man die Seiten- und Grundrisse, die als Hilfskonstruktionen dienen sollen, auf einem getrennten

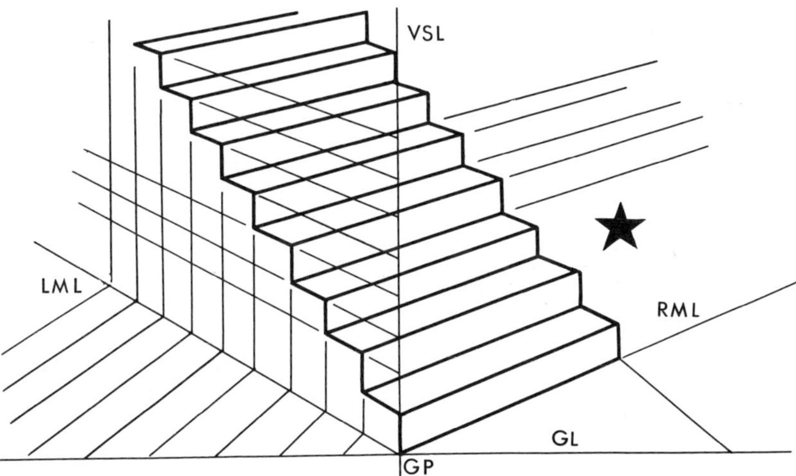

FIG. 26 ENTWURF EINER TREPPE

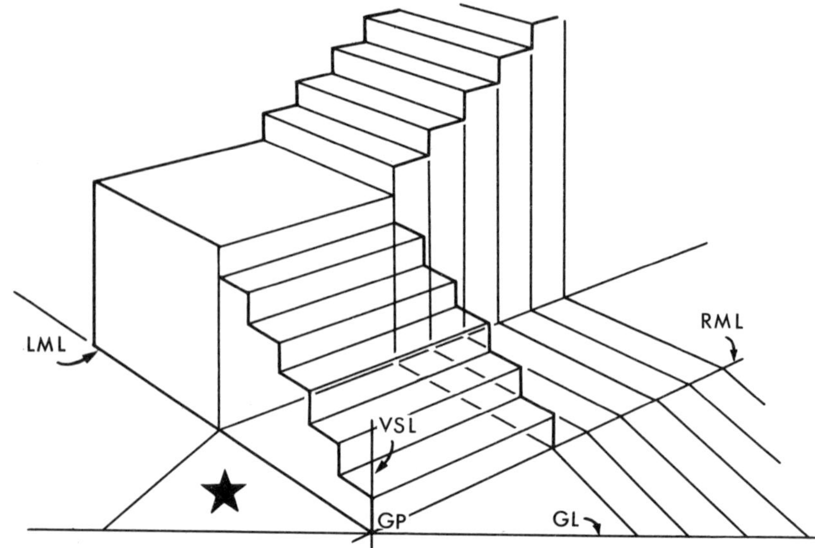

FIG. 27 ENTWURF EINER RECHTWINKLIG GETEILTEN TREPPE

Stück Papier zeichnen, das man mit Gummilösung auf dem Originalzeichenbogen befestigt. Diese Hilfszeichnungen lassen sich noch nach Monaten leicht entfernen, ohne daß die Originalzeichnung beschädigt wird.

Figur 26 zeigt den Entwurf einer einfachen Treppe und Figur 27 bringt das Bild einer rechtwinklig geteilten Treppe. Wie bei den vorausgegangenen Beispielen fängt man auch hier mit dem Grundriß an, errichtet dann die Senkrechten, deren Höhen von VSL her bestimmt werden, auf die man die richtigen Höhen in unverkürztem Maßstab vorher aufgetragen hat. Eine andere Methode besteht darin, auf die Seitenflächen der Treppen ein Rechtecknetz (aus Höhe und Breite der Treppenstufen) zu zeichnen und daraus die Zeichnung zu entwickeln. Es ergeben sich dabei sehr viele Konstruktionslinien, die aber erst dann zu entfernen sind, wenn die perspektivische Zeichnung in allen Einzelheiten klar ist.

Entwürfe für geradlinige regelmäßige oder unregelmäßige Körper können am besten nach Grund- und Seitenrissen gemacht werden, deren Maße durch Projektion auf die Grundlinie GL und auf VSL übertragen werden, wie es in Figur 28 gezeigt ist. In solchen Fällen lohnt es sich, über die ganze Zeichenfläche ein rechteckiges Netz zu legen, wodurch die Weiterführung der Zeichnung sehr erleichtert wird. Bei perspektivischen Konstruktionen sollte man nie mit vermuteten Linien arbeiten.

Regel 5, Seite 16, kann nun weiter erklärt werden. Figur 29 zeigt die Vorder- und Seitenansicht und den Grundriß eines kleinen Hauses. Die schrägen Flächen des Daches können nach der vorher erklärten

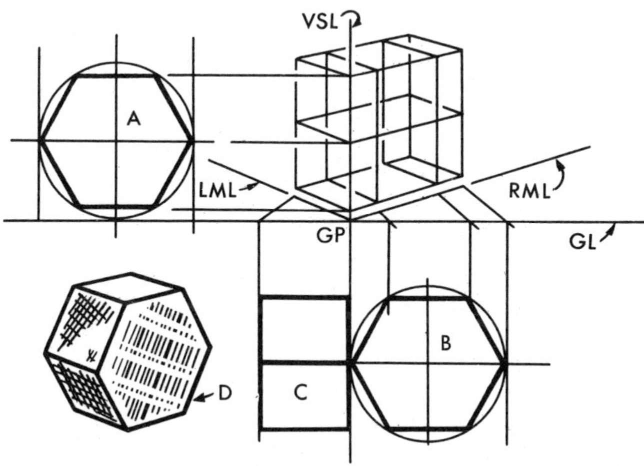

FIG. 28 PERSPEKTIVISCHE KONSTRUKTION EINES 6-ECKIGEN KÖRPERS

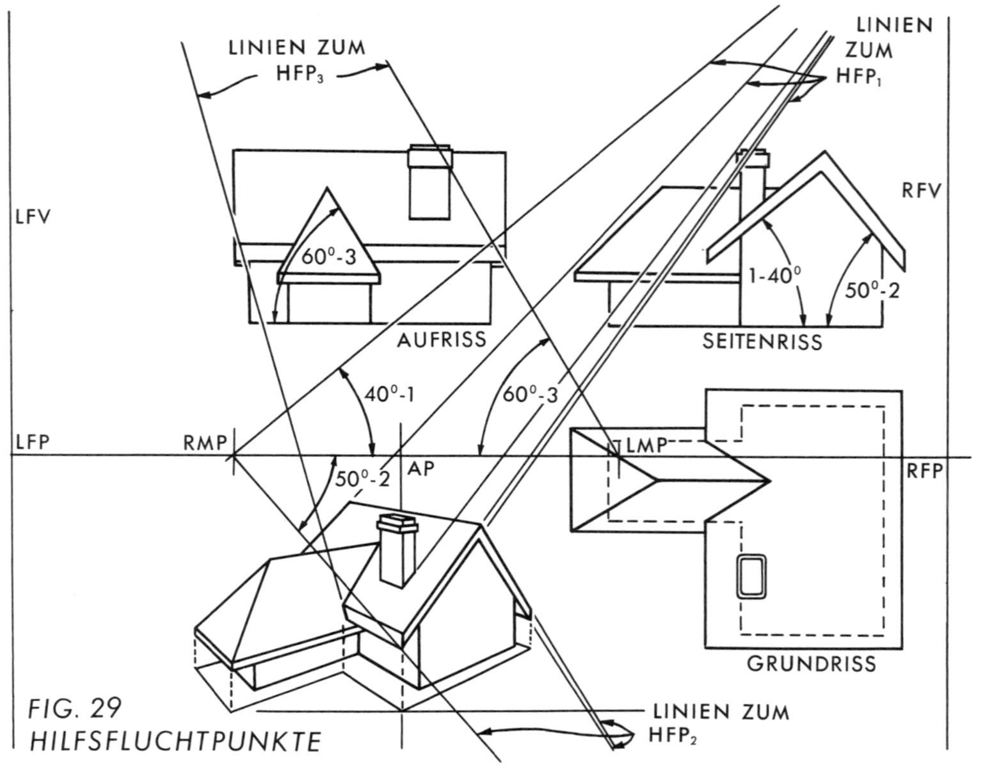

FIG. 29
HILFSFLUCHTPUNKTE

Methode gezeichnet werden, aber das Beispiel enthält auch die neue Aufgabe, zwei zueinander schräge Flächen zu zeichnen. Zuerst wurde der Grundriß gezeichnet und dann die Senkrechten hochgezogen, um die Ecken der Dachkanten festzulegen. Die schrägen Dachkanten werden zu einem Hilfs-Fluchtpunkt gezogen, der auf einer senkrechten Linie liegt, die durch RFP bzw. LFP geht. Die genaue Lage eines jeden Hilfsfluchtpunktes wird nach folgendem Verfahren ermittelt. Die größere und höhere Dachkante in der perspektivischen Ansicht, die dem Beschauer zugewendet ist, hat, wie aus der Seitenansicht hervorgeht, eine Steigung von 40^0. Diese Dachkante steigt nach rechts aufwärts und deshalb liegt der Hilfsfluchtpunkt für diese Kante oberhalb von RFP. Der Winkel von 40^0 wird in RMP aufgetragen. Der Schenkel schneidet die Senkrechte durch RFP. Dieses besondere Beispiel ist in der Illustration mit „1" bezeichnet. Die Konstruktionen der anderen Dachkanten sind mit „2" und „3" kenntlich gemacht. Die Methode, den jeweiligen Hilfsfluchtpunkt zu finden, ist in jedem Fall die gleiche. Der Leser sollte nach eigenen Beispielen Übungen durchführen, um sich mit diesen Lösungen vertraut zu machen, da sie in der Praxis ständig vorkommen.

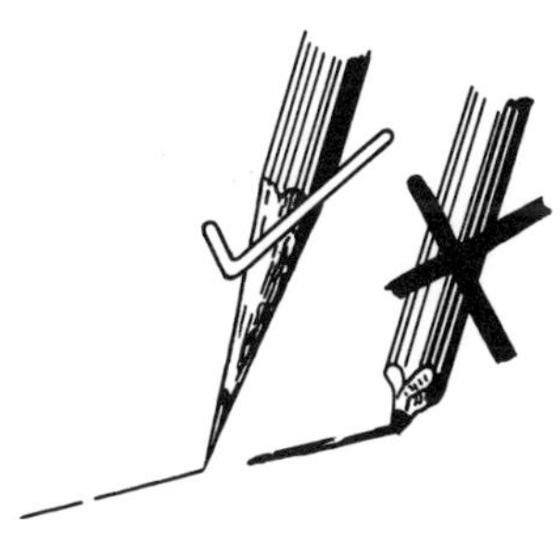

Der Kreis und die Kugel

Der Kreis fehlt fast in keiner Zeichnung und dann erscheint er in einer Form, daß man ihn nicht mit geraden Linien oder genauen Kreisbogen zeichnen kann. Der perspektivische Kreis muß immer mit der freien Hand gezeichnet werden. Die bekannte Methode, den Kreis, der in der Perspektive als Ellipse erscheint, mit zwei Nadeln und einem Bindfaden zu zeichnen, ist nur bei großen Zeichnungen in Bleistift möglich, aber bei kleinen Zeichnungen mit Tusche oder Tinte ist dieses Verfahren nicht anzuwenden. Ebenso ist die Ellipsenkonstruktion mit 4 Kreisbogen fehl am Platz, da sie nur eine Hilfskonstruktion ist und mit der mathematischen Form der Ellipse nicht übereinstimmt. Jedes der vorgenannten Verfahren verlangt eine vorherige Festlegung der großen und kleinen Achse der Ellipse. Dies verursacht schon einige Schwierigkeiten. Der Gebrauch von Kurvenlinealen kann auch nicht empfohlen werden, da diese Lineale immer nur für eine bestimmte Größe und Kurvenart zugeschnitten sind. Trotz dieser etwas trüben Aussichten für das Zeichnen einer Ellipse ermöglicht aber die konstruierende Perspektive eine gute Hilfestellung. Die letzte Feinheit der Zeichnung bleibt aber der geübten Hand überlassen.

Der Kreis in der Perspektive ist immer eine genaue Ellipse, aber der Mittelpunkt der nun gefundenen Ellipse ist nicht gleichzeitig der Mittelpunkt des Kreises. Der Mittelpunkt der Ellipse liegt immer etwas näher zum Beschauer. Wir wollen die Begriffe Durchmesser beim Kreis und große und kleine Achse bei der Ellipse streng auseinanderhalten. In Figur 30, wo die Ellipse auf der rechten Seite liegt, geht der waagerechte Durchmesser des perspektivisch gezeichneten Kreises nach RFP. Die große Achse steht auf der kleinen immer senkrecht.

Figur 30 erklärt ein Verfahren, mit dem man ziemlich genau eine aus der freien Hand gezeichnete Ellipse aufs Papier bringen kann.

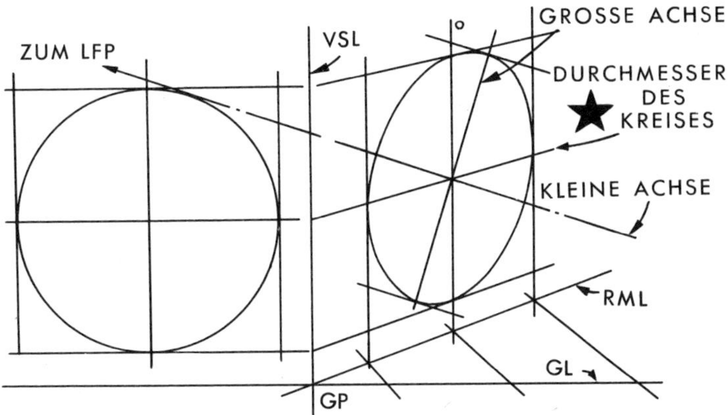

FIG. 30 DER KREIS IN SENKRECHTER STELLUNG

Wir nehmen an, der Kreis sei in ein Quadrat hineingezeichnet worden und wir projizieren dieses Quadrat auf die verlangte Ebene. Dann zeichnen wir die Ellipse innerhalb der Grenzen des perspektivischen Quadrates. Die große und die kleine Achse sind dabei nicht genau in ihrer Lage festgelegt. Sie sollen vorläufig nur als Anhalt für den Lernenden dienen.

Um eine noch größere Annäherung an eine korrekte Ellipse zu erhalten, teilen wir den Kreis in eine Anzahl von gleichwinkligen Sektoren, und projizieren die Punkte des Kreises auf die Grundlinie GL und von dort aus weiter nach RMP. Wenn dies von zwei Seiten geschieht, entsteht ein Netz, in dem die Punkte festliegen, die den entsprechenden Punkten des Kreises zugeordnet sind.

Figur 31 zeigt die Anwendung dieser Methode bei einer waagerechten Ellipse. Sie kann ebenso bei senkrechten Kreisen angewendet werden, ganz besonders dann, wenn die Kreise groß sind und man eine große Anzahl von Sektoren genau zeichnen kann. Sorgfältige

Arbeit ist auch hier notwendig, denn kleine Fehler in der Konstruktion ergeben oft große Fehler in der endgültigen Zeichnung. Sogar die Dicke einer Bleistiftlinie verursacht oft Ungenauigkeiten in der Symmetrie der Ellipse.

Der wirkliche (mathematische) Mittelpunkt der Ellipse ist nicht der perspektivische Mittelpunkt des Kreises. Konstruktionsmethoden ermöglichen aber, auch den wahren Mittelpunkt der Ellipse zu finden. Ein typisches Beispiel wird in Figur 32 gezeigt. Zuerst muß das Quadrat mit seinen Mittellinien, also den Kreisdurchmessern, in der gewünschten perspektivischen Form gezeichnet werden. Nun ist der Zwischenraum zwischen den beiden Senkrechten des perspektivischen Quadrates durch eine neue Senkrechte in zwei wirklich gleiche Teile zu teilen. Der wahre Mittelpunkt der Ellipse liegt auf dieser neuen Mittellinie und dem waagerechten (perspektivischen) Durchmesser des Kreises, der zum rechten Fluchtpunkt geht.

Die kleine Achse der Ellipse geht durch den eben gefundenen Mit-

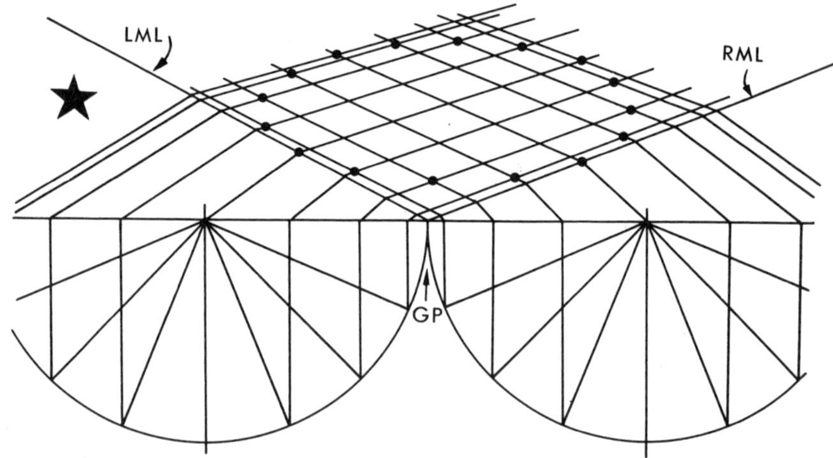

FIG. 31 DER KREIS IN HORIZONTALER LAGE

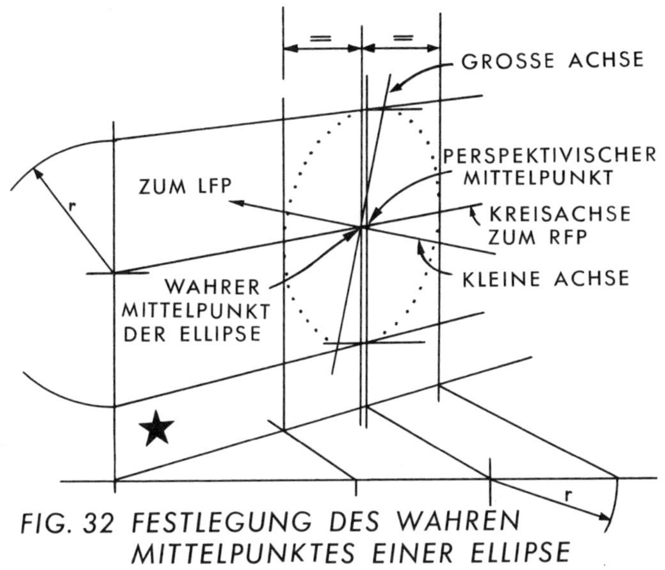

FIG. 32 FESTLEGUNG DES WAHREN MITTELPUNKTES EINER ELLIPSE

telpunkt in Richtung zum linken Fluchtpunkt LFP. Auf dieser kleinen Achse errichtet man im Mittelpunkt das Lot und hat damit die große Achse der Ellipse festgelegt. Die Länge der halben großen Achse findet man, indem man eine waagerechte Linie durch den Schnittpunkt der Mittellinie mit dem unteren Rand des Quadrates zieht, die die große Achse im Endpunkt schneidet. Den oberen Endpunkt der großen Achse findet man durch Abtragen der halben großen Achse in der anderen Richtung vom Mittelpunkt aus.

Die Ellipse kann nun mit Hilfe eines Kartonstreifens gezeichnet werden, wobei die Ellipse Punkt für Punkt festgelegt wird. Diese Methode wird in Figur 33 genau erklärt. Wenn dieses Verfahren in Verbindung mit einer korrigierten Zeichnung wie Figur 32 angewendet wird, müssen die Abmessungen der kleinen Achse von einer Linie genommen werden, die durch den wahren Mittelpunkt der Ellipse und parallel zur Grundlinie bis zur linken senkrechten Kante des Quadrates geht. Obgleich diese neue kleine Achse nicht senkrecht

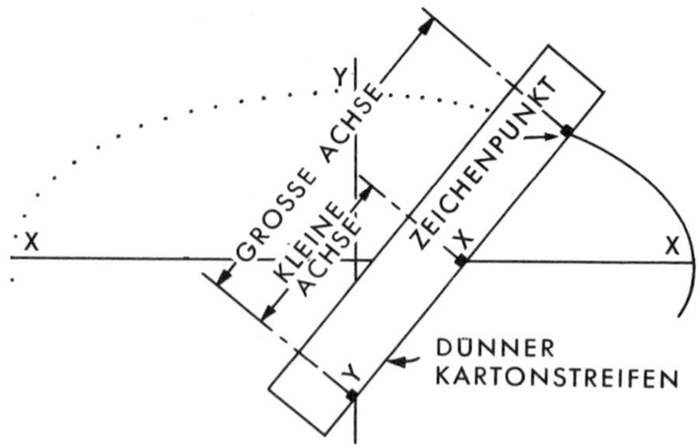

FIG. 33 KARTONLINEAL FÜR ELLIPSENENTWÜRFE

zur großen Achse steht, wird durch die Symmetrie der Ellipse dieser angebliche Fehler ausgeglichen.

Das Kartonlineal kann durch einen 3-Punkt-Ellipsenzeichner ersetzt werden, der in Figur 34 dargestellt ist. Das Instrument ist leicht zu handhaben und braucht für die üblichen Zeichnungen nicht länger als 10 cm zu sein. Seine Anwendung ist die gleiche wie in Figur 33. Man kann damit sehr genaue Ellipsen zeichnen.

Freihändig mit Tusche gezeichnete Ellipsen bereiten dem Anfänger allerhand Schwierigkeiten. Bis diese Fertigkeit erworben ist, sollte man zur Schablone greifen. Es muß allerdings für jede Ellipse eine

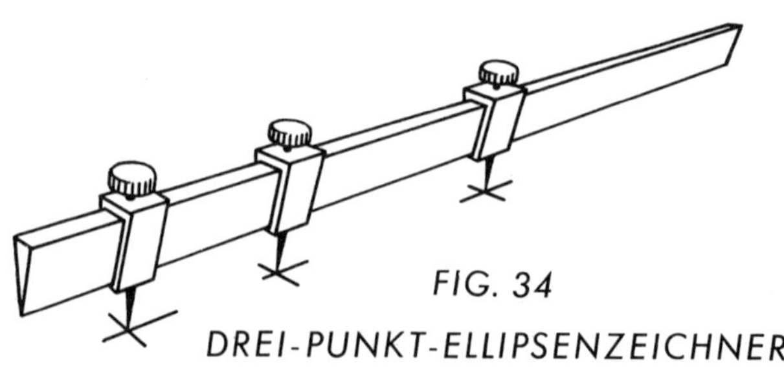

FIG. 34
DREI-PUNKT-ELLIPSENZEICHNER

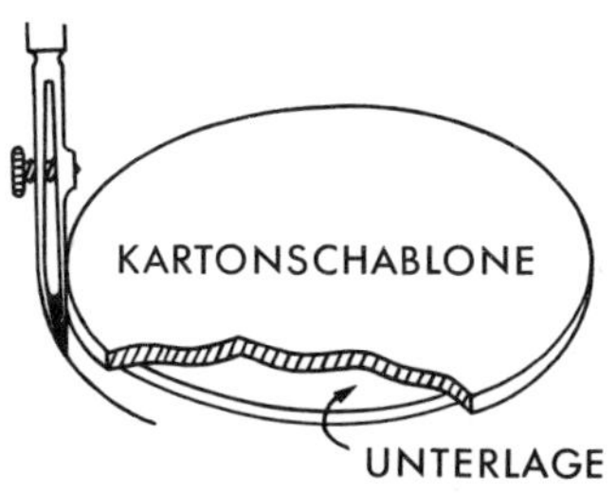

FIG. 35 SCHABLONE FÜR ELLIPSEN

neue Schablone gemacht werden, aber man spart später viel Zeit damit. Nach einer Weile hat man eine ganze Kollektion zusammen, wobei auf die einzelnen Schablonen zweckmäßigerweise die Länge der großen und kleinen Achse vermerkt wird. Die Längen der Achsen, die in der Zeichnung gefunden werden, sind möglichst genau auf ein Stück dicken Karton zu übertragen. Die Form ist sorgfältig auszuschneiden und mit Sandpapier nachzuschleifen, damit keine Buckel und rauhen Stellen entstehen. Unter die Schablone klebt man ein zweites, etwas kleineres Stück Karton. Die Schablone kann jetzt so benutzt werden, wie es in Figur 35 gezeigt wird. Dabei muß die Dicke der Ziehfeder und ihre Krümmung berücksichtigt werden. Die Achsen müssen also eine Kleinigkeit kürzer gezeichnet werden, aber dieses

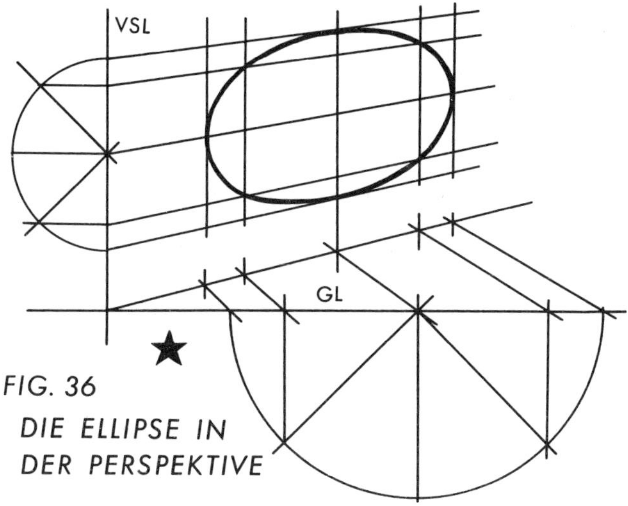

FIG. 36
DIE ELLIPSE IN DER PERSPEKTIVE

Maß ist immer das gleiche für alle Ellipsen, solange die gleiche Ziehfeder gebraucht wird.

Die beste Methode, eine wirkliche Ellipse perspektivisch darzustellen, ist das gleiche Verfahren wie beim Kreis und wird in Figur 36 erklärt. Liegt die Ellipse horizontal, trägt man die große Achse auf der Grundlinie GL, die kleine Achse auf VSL ab. Bei einer senkrecht stehenden Ellipse verfährt man umgekehrt.

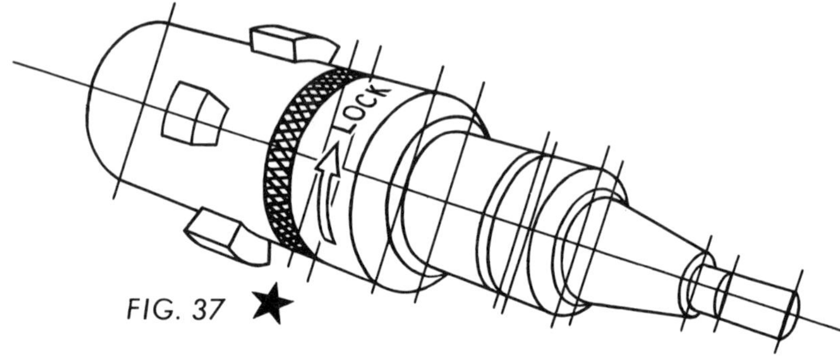

FIG. 37 ★

Figur 37 zeigt einen technischen Gegenstand, bei dem Kreise mit verschiedenen Durchmessern vorkommen. Man kann jetzt natürlich jeden Kreis — in der Perspektive als Ellipse — durch die Punktiermethode Figur 31 zeichnen. Hat man schon einige Erfahrungen, ist es wohl am besten, zwei oder drei Hauptkreise zu zeichnen und die übrigen mit der freien Hand einzuzeichnen. In Figur 37 sieht man, daß alle großen Achsen parallel zueinander sind und außerdem senkrecht auf der inneren Achse des Körpers stehen. Die innere Körperachse geht nach LFP. Damit läßt sich die Richtigkeit der Freihandzeichnung stets kontrollieren. Aus diesem Beispiel ersieht man auch, daß die Mittelpunkte der Ellipsen auf den gleichen senkrechten Flächen nicht genau aufeinander liegen und daß dadurch das Verhältnis der großen zur kleinen Achse variiert.

Figur 38 zeigt eine Skizze mit den Ellipsen der Räder einer Lokomotive. Die Zeichnung ist leicht verständlich, aber einige Punkte sind doch zu erwähnen. Zunächst ist es die Methode, wie die Quadrate für die vorderen und rückseitigen Räder gezeichnet werden. Zweitens ist zu beachten, daß im Gegensatz zu den Hauptachsen in Figur 37 dieselben bei Figur 38 um so senkrechter werden, je weiter sie vom Beschauer entfernt liegen. Jede Hauptachse wird gefunden, indem die wirkliche Achsenlinie des Räderpaares zum Fluchtpunkt gezogen wird. Die Hauptachse der Ellipse steht dazu im rechten Winkel.

Der Abstand der Zähne eines Zahnrades auf dem perspektivisch gezeichneten Kreis kann mit einer doppelten Hilfsprojektion durch das nun oft benutzte quadratische Gitter aufgetragen werden. Ob-

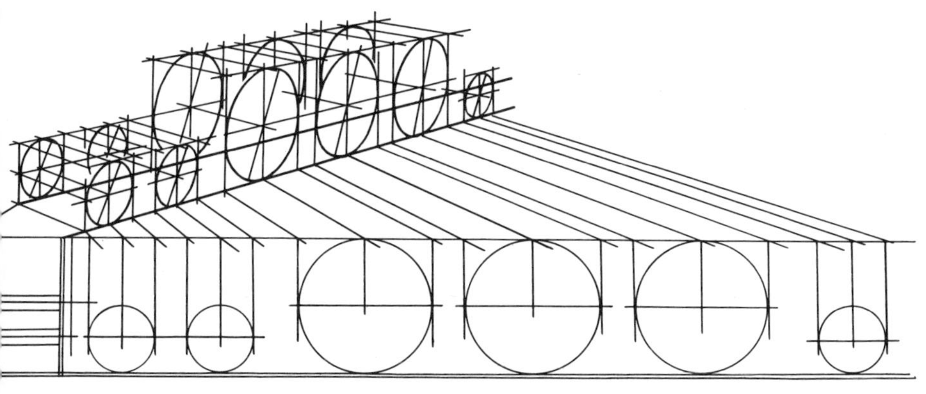

FIG. 38 RÄDER EINER LOKOMOTIVE

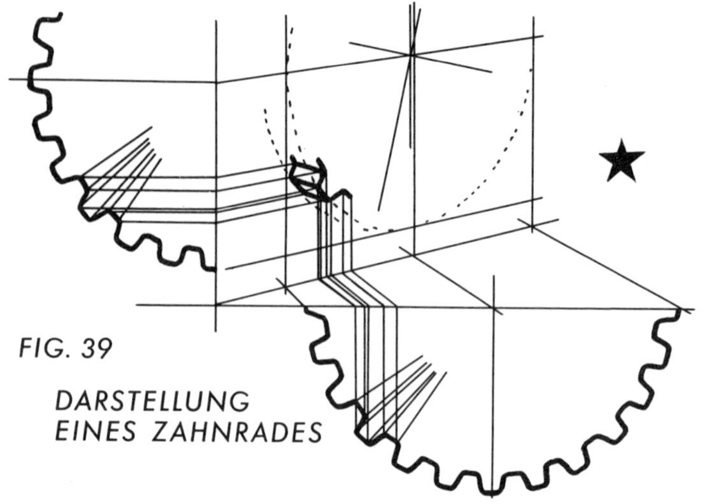

FIG. 39

DARSTELLUNG EINES ZAHNRADES

gleich in Figur 39 noch die Mittellinien der Haupt- und Nebenachsen eingezeichnet sind, ist dies eigentlich nur bei besonderen Fällen notwendig. Um die Zeichnung gut lesbar zu halten, ist nur ein Zahn gezeichnet worden. Die Konstruktion geht so vor sich, daß man zuerst die äußeren Ecken eines Zahnes festlegt, scharf durchzeichnet und alle Hilfslinien wegradiert. Dann werden die inneren Ecken des Zahnes konstruiert und mit den äußeren Ecken freihändig verbunden.

Die Kugel, perspektivisch gesehen, ist sehr einfach. Sie bildet immer einen wirklichen Kreis. Der Mittelpunkt dieses Kreises liegt genau auf dem Mittelpunkt der Ellipse, die als Kreisabbild der Kugel den gleichen Durchmesser wie die Kugel hat. Dies ist ein nützlicher Hinweis für den Fall, daß ein Erdglobus mit Längengraden gezeichnet werden soll. Alle Meridiane sind wirkliche Ellipsen und haben einen

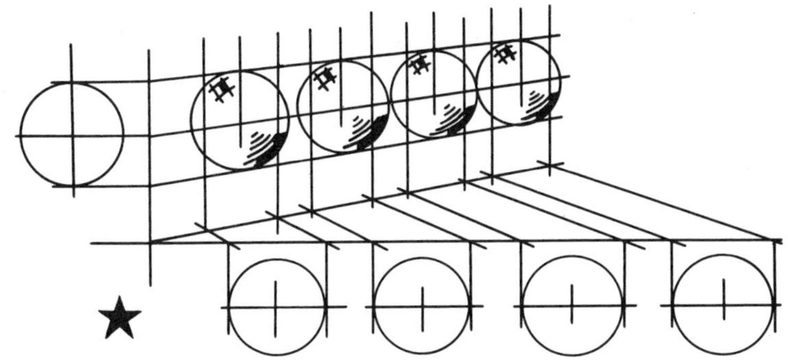

FIG. 40 KUGELN AUF EINER LINIE

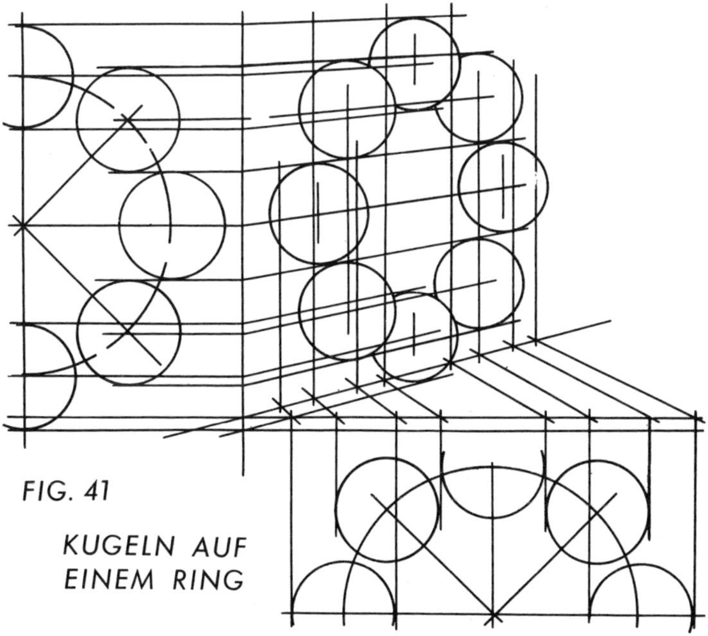

FIG. 41

KUGELN AUF EINEM RING

gemeinsamen Mittelpunkt, der mit dem der Kugel identisch ist. Der Durchmesser der Kugel ist festgelegt durch die Projektion auf der vertikalen Sehlinie VSL. Figur 40 zeigt die Darstellung von Kugeln auf einer Linie. Man braucht die Außenpunkte der Kreise nur auf GL abzutragen. Der Mittelpunkt eines jeden Kreises liegt genau zwischen den beiden Senkrechten und auf der Linie zum Fluchtpunkt.

Die Festlegung der Mittelpunkte der Kreise, die die ringförmig angeordneten Kugeln eines Kugellagers darstellen sollen, beruht auf dem gleichen Prinzip. Figur 41 zeigt die Konstruktion eines Ringes mit 8 Kugeln. Die Einzelheiten entsprechen Figur 40, so daß sich eine weitere Erklärung erübrigt.

Das Auffinden eines Punktes auf der Oberfläche einer Kugel bereitet einige Schwierigkeit. Geht man von der Überlegung aus, daß jeder Punkt im Raum durch den Schnitt zweier Linien festgelegt ist,

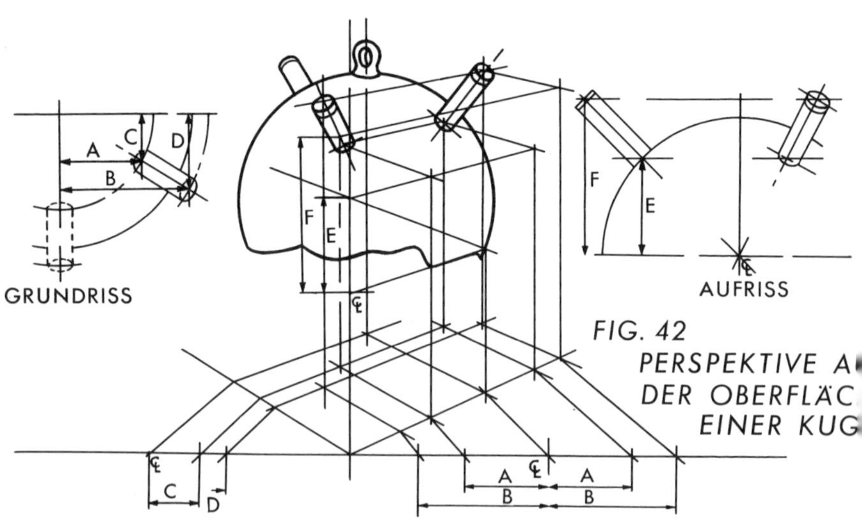

FIG. 42
PERSPEKTIVE A
DER OBERFLÄC
EINER KUG

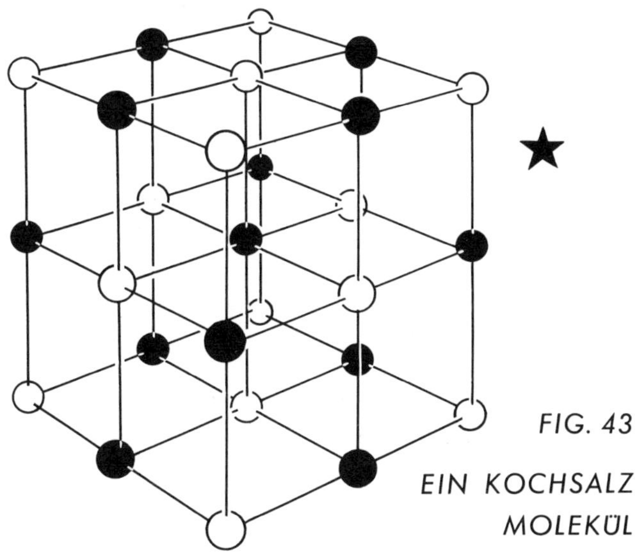

FIG. 43

EIN KOCHSALZ MOLEKÜL

kommt man auch hier mit den üblichen Konstruktionsmethoden weiter. Figur 42 zeigt das Beispiel einer Kugel mit radial hervorstehenden Röhren. Die Parallelprojektionen ergeben die notwendigen Abmessungen auf der Grundlinie GL und auf der vertikalen Sehlinie VSL und weiterhin die Festlegung der drei Punkte, in denen die drei Röhren auf der Oberfläche der Kugel aufgesetzt sind. Die Figur zeigt die vollständige Konstruktion für die beiden vorderen Röhren. Figur 43 bringt die Darstellung der schematischen Zeichnung eines Kochsalz-Moleküls mit der vermuteten Anordnung der Natrium- und Chloratome. Die Zeichnung solcher Beispiele in Perspektive geben ein besseres Bild und ermöglichen das schwierige optische Vorstellen der Flächen, ihre wechselnde Richtung und ihre Lage zueinander.

Korrektur und Freihandzeichnungen

Der praktische Zeichner wird die bis zu dieser Stelle beschriebenen Konstruktionsmethoden sehr nützlich finden, solange sie sich in den üblichen Abmessungen bewegen. Oft werden aber Zeichnungen in einem vorher festgelegten Format verlangt, wobei die Anwendung der üblichen Hilfsmittel nicht möglich ist.

In diesem Falle beginnt man am besten mit dem Zeichnen der Hauptformen in freier, skizzenhafter Manier innerhalb des gewünschten Formates. Dann ist eine genaue perspektivische Konstruktion nachträglich darüber zu zeichnen. Zuerst sind die drei Hauptlinien H, GL und VSL einzutragen und die Punkte AP und GP festzulegen. Dann sind durch Probieren die beiden Fluchtpunkte auf dem Horizont H durch Weiterführen der entsprechenden Linien zu ermitteln. Von diesen beiden Fluchtpunkten aus läßt sich der eigene Standpunkt SP finden, indem man einen rechten Winkel zeichnet, dessen Scheitel auf VSL liegt und dessen Schenkel durch die beiden Fluchtpunkte gehen. Jetzt können die beiden Meßpunkte RMP und LMP gefunden werden und das Konstruktionsgerüst ist fertig und kann in der üblichen Weise gebraucht werden. Um genaue Verkürzungen nach der Tiefe zu bekommen, zieht man eine Meßlinie mit einem bekannten Maß nach GL; die Messung auf GL ergibt den entsprechenden Längenmaßstab für alle weiteren Messungen auf GL und VSL.

Figur 44 zeigt eine flüchtige Skizze, in die nachträglich das perspektivische Konstruktionsbild eingetragen worden ist. Man sieht eine Reihe von Fluchtlinien, die die ungefähre Lage des Fluchtpunktes auf dem Horizont angeben.

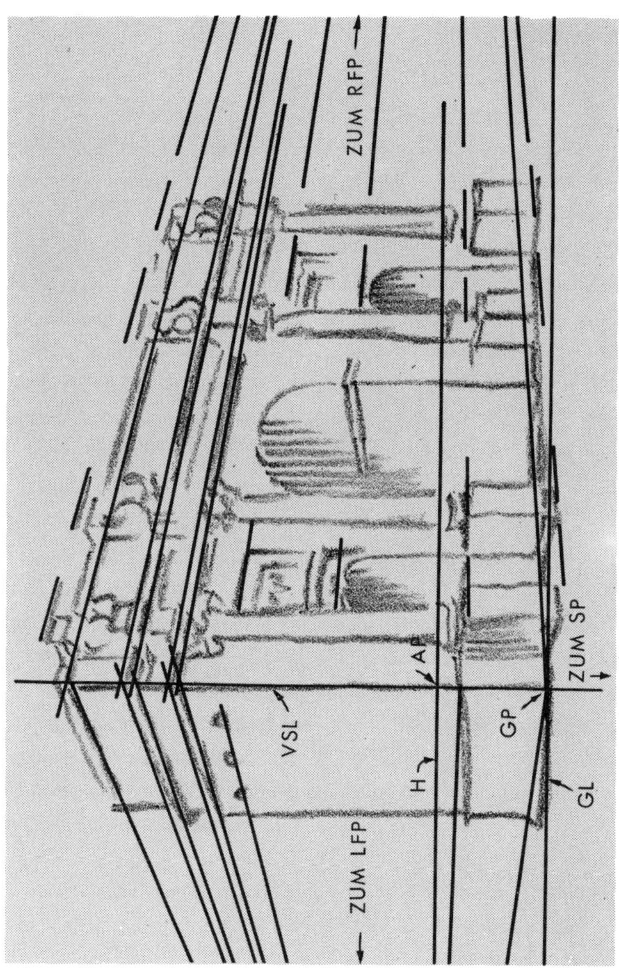
ZUM RFP
ZUM LFP
ZUM SP
VSL
AP
H
GP
GL

Praktische Hinweise

Zeichnungen werden meist von einem altgewohnten Blickpunkt aus gemacht. Eine besondere Wirkung kann nun dadurch erzielt werden, daß man den Blickpunkt höher oder tiefer legt.

Die Größe eines Gegenstandes in der Natur kann üblicherweise durch die kluge Wahl des Blickpunktes, der Augenhöhe, erkenntlich sein. Figur 45, 46 und 47 erklären dies zeichnerisch. Jeder der drei Gegenstände, Streichholzschachtel, Kiste und Hochhaus, haben die gleichen proportionalen Abmessungen, aber das Auge steht immer so hoch, daß man sofort die tatsächliche Höhe erkennen kann. Der Horizont liegt bei Figur 45 oberhalb der Zeichnung. Die Vorstellung der Größe wäre auch dann gegeben, wenn die Detailzeichnung fortgelassen worden wäre. Die äußeren Umrißlinien der Körper sagen genug über ihre wahrscheinliche Größe aus.

Eine ganz andere Wirkung wird erzielt, wenn man den Horizont höher oder tiefer legt. Jetzt ist es aber unbedingt nötig, durch Einzelheiten innerhalb der Zeichnung die Größe und das Wesen des abgebildeten Gegenstandes verständlich zu machen.

Legt man den Blickpunkt oder Standpunkt zu nahe an das Objekt, ergeben sich leicht unerwünschte Verzeichnungen. Figur 48 zeigt eine Schachtel von einem Punkt aus, der sehr nahe beim Gegenstand liegt. Hier fallen GP und SP in einem Punkt zusammen. Diese Art der Zeichnung wäre angebracht, wenn ein Hochhaus von oben dargestellt werden soll. Figur 49 zeigt eine andere, weniger verzeichnete Darstellung der gleichen Schachtel. Diese Zeichnung wäre für den eben erwähnten Zweck weniger brauchbar.

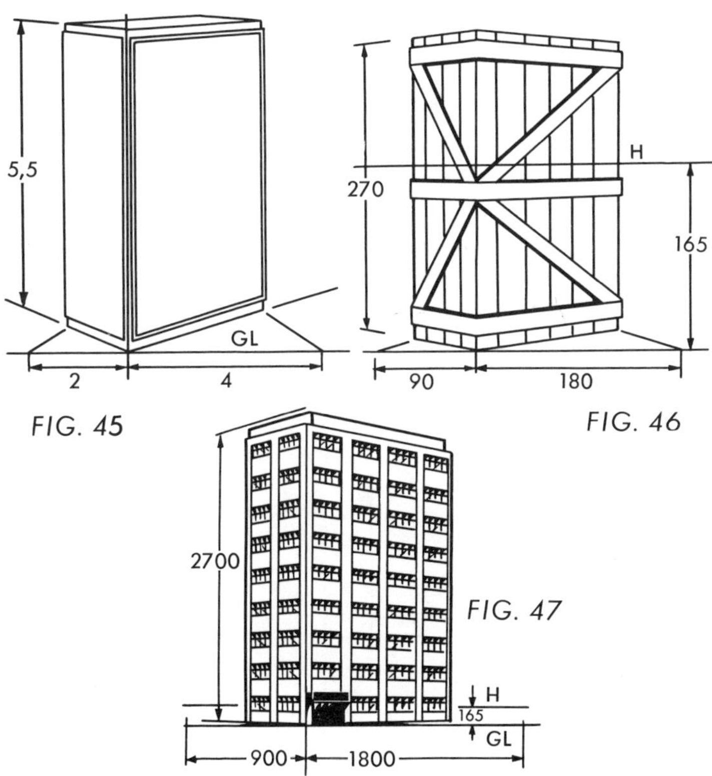

FIG. 45

FIG. 46

FIG. 47

Sehr oft müht man sich damit ab, den Blickwinkel zu bestimmen, innerhalb dessen eine Zeichnung angefertigt werden soll, ohne daß sie verzeichnet wirkt. In der Praxis sind diese Toleranzen sehr groß und hängen aber schließlich von dem Gegenstand und der endgültigen Größe der Zeichnung ab. Es kann hier keine genaue Regel gegeben werden. Auf jeden Fall führt eine Blickwinkelweite von mehr als 60° zu Verzeichnungen. Als Anhalt sollte dienen, daß der Abstand D nicht weniger als die dreifache Größe des Gegenstandes auf der Zeichnung haben darf. Nimmt man seinen Standpunkt sehr weit vom Gegenstand ein, liegen die Fluchtpunkte sehr weit auseinander und das Bild wird als perspektivische Wiedergabe sehr flach.

Einige Beispiele in diesem Buch zeigen Meßlinien, die unterhalb der Grundlinie GL verlaufen. Dies kommt in der Praxis öfter vor. Figur 50 erklärt, wie Distanzmessungen „vor" der Grundlinie vorgenommen werden. Die Zeichnung bedarf keiner weiteren Erklärung.

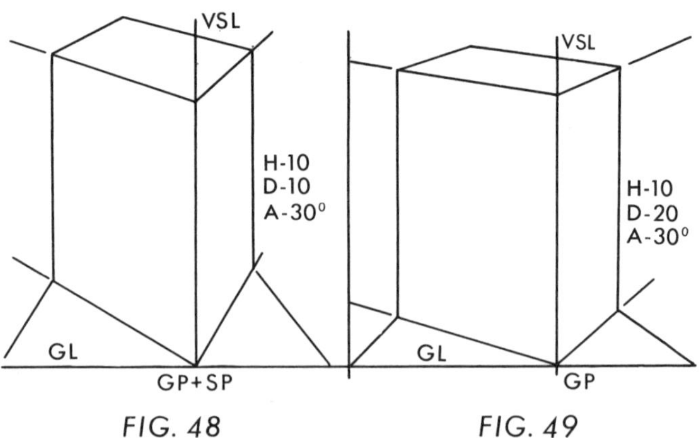

FIG. 48 FIG. 49

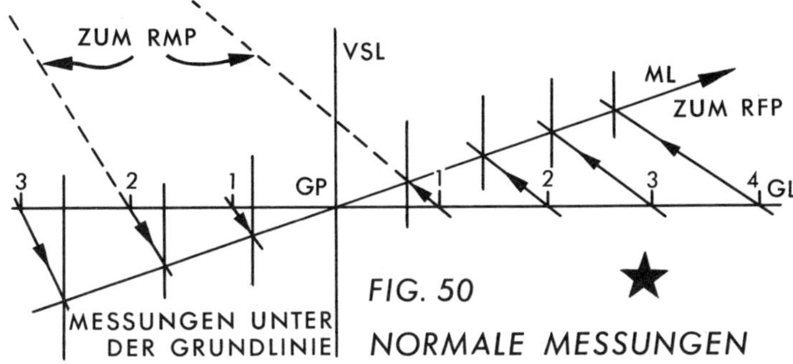

FIG. 50

NORMALE MESSUNGEN

Ein anderes Merkmal der geometrischen Symmetrie des perspektivischen Konstruktionsbildes zeigt die Tatsache, daß Distanzmessungen entlang einer Hilfsgrundlinie, die ober- oder unterhalb der Grundlinie im rechten Winkel zu VSL gezogen sind, vorgenommen werden können. Die Teilungen können dann auf einer neuen Meßlinie zwischen dem Fluchtpunkt und dem neuen Grundpunkt, auch Hilfs-Grundpunkt genannt, aufgetragen werden. Die Längen der Teilungen werden gefunden, indem man sie mit den gleichen Teilungen auf der normalen Grundlinie in Übereinstimmung bringt. Dies ist ein nützlicher Hinweis, besonders bei großen Zeichnungen, weil man dadurch vermeiden kann, daß die Hilfs- und Konstruktionslinien über das zur Verfügung stehende Zeichenblatt hinausgehen.

Teilungen in der Höhe müssen immer auf VSL vorgenommen werden. Wenn man aber das Prinzip der perspektivischen Konstruktion verstanden hat, können solche Messungen auch auf anderen Senkrechten vorgenommen werden, wenn die aufgetragene Skala später durch Projektion auf VSL übertragen wird.

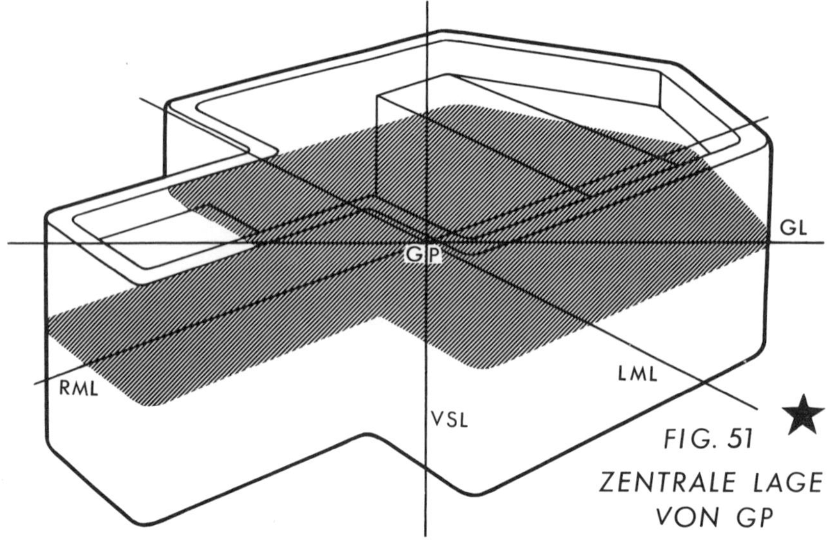

FIG. 51

ZENTRALE LAGE VON GP

Die meisten Beispiele dieses Buches zeigen Darstellungen von geraden und parallelseitigen Gegenständen, wobei der Grundpunkt GP leicht an die dem Beschauer am nächsten liegende untere Ecke gelegt werden konnte. In der täglichen Praxis ist diese einfache Methode, vor allem, wenn es sich um technische Gegenstände handelt, nicht immer möglich. Es gibt zwei Möglichkeiten, mit dieser Schwierigkeit fertig zu werden. Als erstes kann man sich den Körper in eine Schachtel mit viereckigen Seitenflächen eingepackt denken. Der vordere untere Punkt der Schachtel kann als Grundpunkt benutzt werden. Die zweite, eigentlich bessere Methode ist die, einen Punkt innerhalb des Gegenstandes festzulegen, indem man durch den Körper drei aufeinander senkrechte Linien zieht, deren gemeinsamer Schnittpunkt jetzt als Grundpunkt gelten soll. Ein Beispiel hierfür zeigt Figur 51. Die schattierte Fläche stellt die Grundfläche dar, die hier bis zur halben Höhe des Körpers gehoben wurde. Von dieser Fläche aus ist der Aufbau der Zeichnung in der bekannten Weise vorgenommen worden.

In dieser Methode liegt der Vorteil, daß nicht nur GP in der Mitte der Zeichenfläche liegt, sondern ebenso VSL zur Mitte rückt. Hätte man bei diesem Körper die „imaginäre" Schachtel mitgezeichnet, läge GP weit nach links und damit der größte Teil der Zeichnung rechts von VSL und GP. Je weiter man einen Körper nach einer Seite von VSL entfernt, um so größer sind die Verzeichnungen. Liegt VSL in der Mitte, sind alle Fehler am geringsten.

Bisher ist zur Vereinfachung angenommen worden, daß alle Senkrechten der Natur auch in der perspektivischen Zeichnung wieder senkrecht sind. Dies stimmt auch im allgemeinen. Schaut man aber aus einem steilen Winkel auf einen senkrechten Gegenstand herunter, verschieben sich die senkrechten Linien. Die vertikalen laufen genau in der gleichen Weise zusammen, wie es die horizontalen Linien tun. Liegt der Blickwinkel mehr als 30° über dem Gegenstand, ist schon eine Korrektur der Senkrechten notwendig. Würde man in diesem Fall eine genaue perspektivische Konstruktion durchführen, um den Fluchtpunkt der Senkrechten zu finden, würde dieses Zusammenlaufen der Linien wesentlich stärker sein, als es unserem Auge richtig erscheint. Es kommt also darauf an, einen Fluchtpunkt festzulegen, der tief auf VSL liegt und dann in der gleichen Weise benutzt wird wie der Fluchtpunkt für die horizontalen Linien. Üblicherweise legt man diesen neuen Fluchtpunkt nach Gefühl fest, er kann aber auch korrekt gefunden werden, indem man mit der Länge von H zwischen den beiden Fluchtpunkten um RFP oder LFP einen Kreis beschreibt, der VSL schneidet. Arbeitet man mit einem Fluchtpunkt für die Senkrechten, sind auch Veränderungen in den Höhenmaßen erforderlich.

Man ziehe eine Linie von GP in Richtung H im rechten Winkel zu einer Meßlinie. Die Teilungen werden auf VSL aufgetragen, nach der neuen Linie GP - H projiziert und von dort zu der verlangten Senkrechten über den neuen Fluchtpunkt hinweg weitergezogen.

Figur 52 zeigt zwei große Kästen, von denen einer mit zusammenlaufenden Senkrechten gezeichnet worden ist. Durch Abdecken der einen oder anderen Zeichnung mit Papier erkennt man die Auswirkung dieser Korrektur. Der Fehler der parallelen Senkrechten macht sich vor allem bei großen Gegenständen bemerkbar, die aus nächster Nähe gesehen sind.

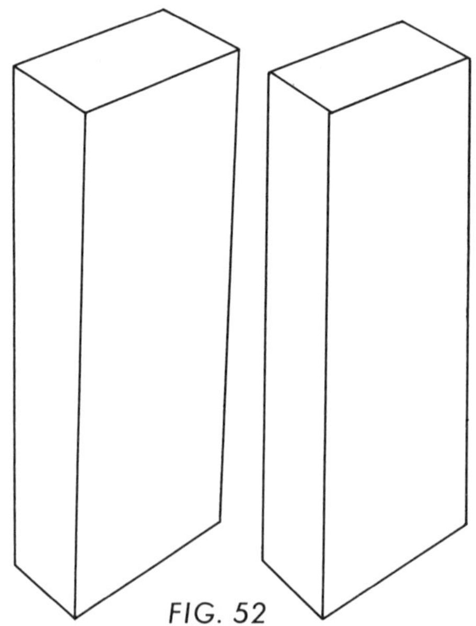

FIG. 52

Werkzeug und Ausrüstung

Nur wenige perspektivische Konstruktionszeichnungen können ohne die Hilfe einer Skala gemacht werden. Die Herstellung einer Skala nimmt nur einige Minuten in Anspruch, erspart aber Stunden an Berechnungsarbeit. Man fertigt sie aus einem festen Karton an, und trägt die Zahlen mit Tusche auf. Zuerst wird die Grundlinie B, Figur 53, gezogen und von einem Endpunkt aus, in beliebigem Winkel, die Linie A. Auf der Linie A trägt man gleiche Maße in beliebiger Zahl ab. Auf B wird jetzt die Länge abgetragen, die als Verkleinerung der Linie A gedacht ist. Die beiden Endpunkte der Linien A und B werden durch die Linie C verbunden. Jetzt werden die aufgetragenen Maße von A parallel zu B nach C übertragen. Dies geschieht am besten mit einem Dreieck, das parallel an einer Schiene oder Lineal vorbeigeschoben wird. Die Skala wird nun auf B mit den entsprechenden Ziffern wie auf A versehen und die überflüssige Zeichnung entfernt. Damit ist die Skala für den Gebrauch fertig. Verkleinerungsmaßstäbe werden selten durch ganze Zahlen ausgedrückt, wie es in

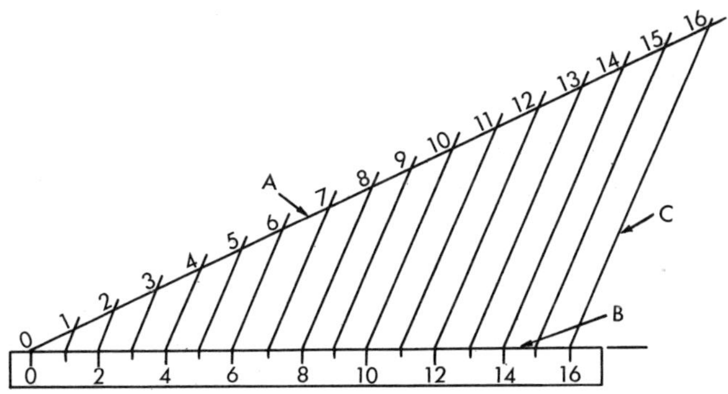

FIG. 53 HERSTELLUNG EINER UMRECHNUNGSSKALA

der Figur 53 der Fall ist. Als Beispiel nehmen wir an, daß die Länge von 13,5 cm auf eine Länge von 3,6 cm in der Zeichnung reduziert werden soll. Rechnerisch würde dies sehr zeitraubend sein, vor allem dann, wenn sehr viele Maße zu reduzieren wären. Um eine hierfür passende Skala anzufertigen, ist auf B 3,6 cm abzutragen. Macht man es sehr genau, trägt man auch die mm-Striche auf. Dann wird auf A die genaue Länge von 13,5 cm abgetragen, wobei man mit einem genauen Maßstab auch die einzelnen cm- und mm-Striche angibt. Die Endpunkte von A und B werden miteinander verbunden und die Parallelen zu B durch die Markierungen von A nach C gezogen.

Eine schwierige Angelegenheit bei perspektivischen Konstruktionszeichnungen ist die mechanische Festlegung der Fluchtpunkte. Diese Punkte liegen in den meisten Fällen außerhalb der Grenzen eines normalen Zeichenbrettes. Hierbei bewähren sich Verlängerungsschienen, die am oberen oder unteren Rande des Zeichenbrettes angeschraubt werden (siehe Figur 54).

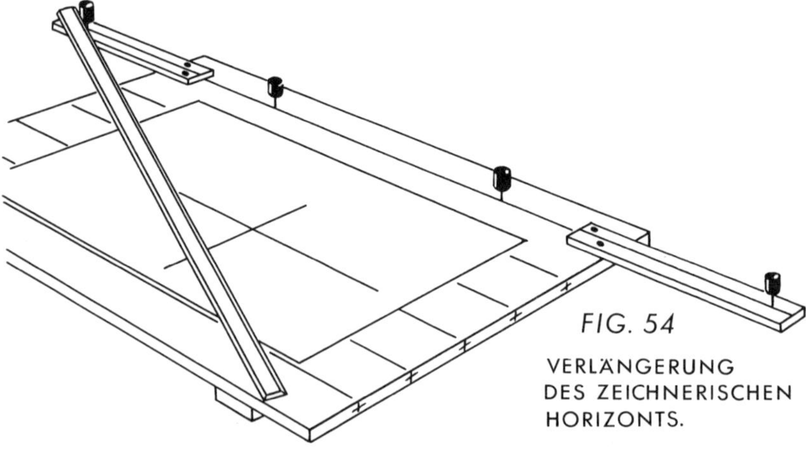

FIG. 54

VERLÄNGERUNG DES ZEICHNERISCHEN HORIZONTS.

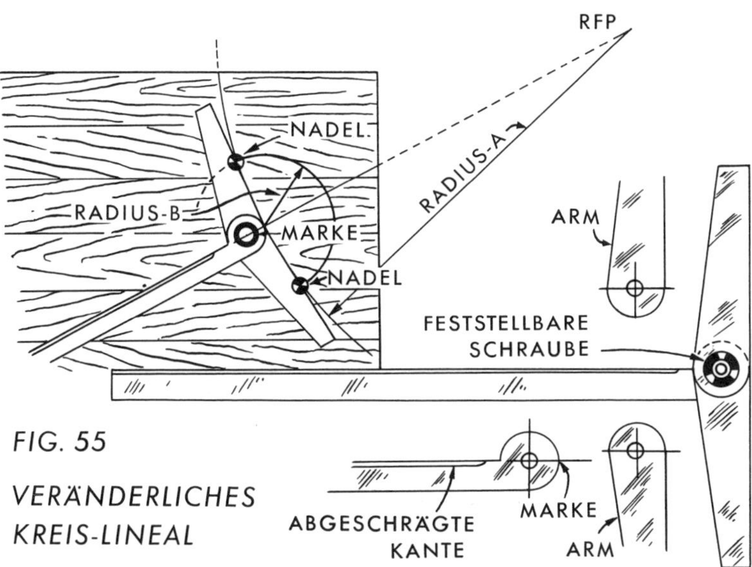

FIG. 55

VERÄNDERLICHES KREIS-LINEAL

Eine andere Möglichkeit, weit entfernte Fluchtpunkte zu benutzen, ist die Verwendung eines Kreislineals, wie es in Figur 55 dargestellt ist. Dieses Instrument ist käuflich zu erwerben, aber der praktisch veranlagte Zeichner wird dieses Lineal nach der gegebenen Zeichnung leicht selbst herstellen können. Um genaue Kreisradien ziehen zu können, muß die abgeschrägte Kante in gleicher Linie mit dem Mittelpunkt des Schraubenlochs liegen. Das Instrument ist hier für das Zeichnen der rechtsliegenden Fluchtlinien dargestellt. Das Lineal für die linken Fluchtlinien sieht genau so aus, mit dem Unterschied, daß alle Teile umgekehrt liegen und die abgeschrägte Seite an der anderen Kante des Lineals entlangläuft.

Als Markierungsnadeln verwende man die üblichen „Film-Stoß-nadeln", die bei fotografischen Arbeiten gebraucht werden. Diese Nadeln sind sehr gut in den Flucht- und Meßpunkten zu verwenden, weil man das Lineal genau anlegen kann, ohne jedes Mal den Bleistiftpunkt suchen zu müssen.

Eine umfangreiche Zeichnung ist bald mit Konstruktionslinien überladen. Um dies zu vermeiden, benutzt man ein getrenntes Konstruktionsschema. Dieses Schema zeichnet man mit Tusche auf einen Zeichenkarton. Bei GL und VSL werden Skalen angebracht, so daß man nicht jede Abmessung mit dem Maßstab auftragen muß. Die Konstruktion der eigentlichen Zeichnung wird nun auf einem durchsichtigen Papier vorgenommen, das man über das zuerst gezeichnete Konstruktionsschema legt. Außer GL und VSL werden auf dem durchsichtigen Papier keine konstruktiven Hilfslinien gezeichnet. Ist die Zeichnung fertig, wird die Rückseite des durchsichtigen Papiers mit einem weichen Bleistift eingerieben und die Zeichnung mit einem harten Stift auf ein neues Blatt Zeichenkarton übertragen. Kleine Unstimmigkeiten können jetzt noch verbessert werden. Nun wird die Zeichnung mit Tusche ausgezogen. Auf diese Art erhält man eine fertige Zeichnung, die unbedingt sauber ist und keine Spuren des Radiergummis trägt.

Der Inhalt dieses Buches ist auf das Notwendigste beschränkt. Liest man den Text in Verbindung mit den zugehörigen Illustrationen, sind die perspektivischen Grundregeln und Konstruktionen klar verständlich. Das Buch zeigt auch keine „hübschen“ Bilder. Malerische Zeichenerfolge kommen immer erst nach der genauen technischen Durcharbeitung. Damit soll betont werden, daß die verstandesmäßige Erfassung der Konstruktionen der praktischen Zeichnung vorangehen muß.